Kauderwelsch

Band 105

Der
Reise Know-How Verlag Peter Rump GmbH
ist Mitglied der Verlagsgruppe

REISE KNOW-HOW

Kauderwelsch

Kölsch
das Deutsch der Domstadt

Michael Thiergart

För't Astrid

Kauderwelsch Band 105
Kölsch - die Sprache einer Stadt
von Michael Thiergart

Reise Know-How Verlag Peter Rump GmbH
Hauptstraße 198
D-33647 Bielefeld (Brackwede)

1. Auflage 1996
ISBN 3-89416-305-4 (Paperback, DM 14.80)
ISBN 3-89416-896-X (Hardcover, DM 26.80)

Bearbeitung & Gestaltung: Michael Blümke

Zeichnungen: Stefan Theurer

Druck & Bindung: Fuldaer Verlagsanstalt GmbH, Fulda

Dieses Buch ist in jeder Buchhandlung der BRD, Österreichs, der Niederlande und der Schweiz erhältlich. Bitte informieren Sie Ihren Buchhändler über folgende Bezugsadressen:
BRD: Prolit GmbH, Postfach 9, D-35461 Fernwald (Annerod)
Schweiz: AVA-buch 2000, Postfach, CH-8910 Affoltern
Österreich: Mohr Morawa GmbH, Sulzengasse 2, A-1060 Wien
Niederlande: Nilsson & Lamm bv, NL-1380 AD Weesp

Wer im Laden kein Glück hat, bekommt unsere Bücher gegen Voreinsendung des Kaufpreises plus 4.50 DM für Porto und Verpackung (Scheck im Brief) bei:
Rump-Direktversand, Heidekampstr. 18, D-49809 Lingen (Ems)

Zu diesem Buch ist eine **Tonband-Kassette** erschienen. Näheres dazu steht auf Seite 15.

Der Verlag will die Kauderwelsch-Reihe ausbauen und **sucht Autoren** für Balinesisch, Singhalesisch, Spanisch für Kolumbien, Spanisch für Peru u.a.

Inhalt

Vorwort - E paar Wœtscher vürredrin

Lieber Leser! Liebe Leserin! - Leev Lückscher!

Kölsch - eine Sprache, die oft einfach als "Rheinisch" bezeichnet wird. Das ist sicherlich gar nicht so abwegig, allerdings ist Kölsch nur einer von vielen rheinischen Dialekten. Es ist als Stadtdialekt sozusagen "Hochrheinisch". Und Sie wollen diese besonders schöne Form des Rheinischen kennenlernen? Eine gute Entscheidung. Dann gibt's erstmal ein paar Infos für Sie, und dann geht's richtig los.

Wo Kölsch beijehürt

Kölsch gehört in eine Dialektgruppe, die von Gelehrten als Ripuarisch bezeichnet wird. Das Rheinland ist groß (von Kleve bis Trier) und dementsprechend gibt es auch gleich vier Großdialekte: Niederrheinisch (Düsseldorf bis Kleve), Moselfränkisch (Rheinland-Pfalz), Westfälisch (kleines Gebiet nordwestlich Gummersbach) und eben Ripuarisch, das wir hier einfach Rheinisch nennen wollen.

Dieses rheinische Dialektgebiet ist flächenmäßig ziemlich winzig. Ohne eine Metropole wie Köln wäre Rheinisch wahrscheinlich genauso unbekannt geblieben wie die Dialekte von z.B. Trier oder Siegen, die ebenfalls sehr ausgeprägt sind.

Die Karte verschafft wohl etwas mehr Übersicht: Die dicken Grenzlinien (|||||||) sind Staatsgrenzen. Innerhalb der eng gepunkteten Linie (.......) spricht man echtes Rheinisch. Im Raum Aachen spricht man **Öscher Platt** (Aachener Platt), das eine eigene Form des Rheinischen ist und deshalb auch eine eigene eng gepunktete Grenzlinie hat. Dann gibt es noch etliche Übergangsdialekte, die man zwar als Kölscher noch gut versteht, bei denen man aber spätestens beim zweiten Wort merkt, daß die schon ganz schön anders sind als Kölsch. Diese Dialekte spricht man innerhalb der weit gepunkteten Linie (. . . . .). Wie man sieht, kümmern sich die Leute nicht um Staatsgrenzen. Auch in Ost-Belgien und in Vaals (Niederlande) spricht man munter rheinisches Platt.

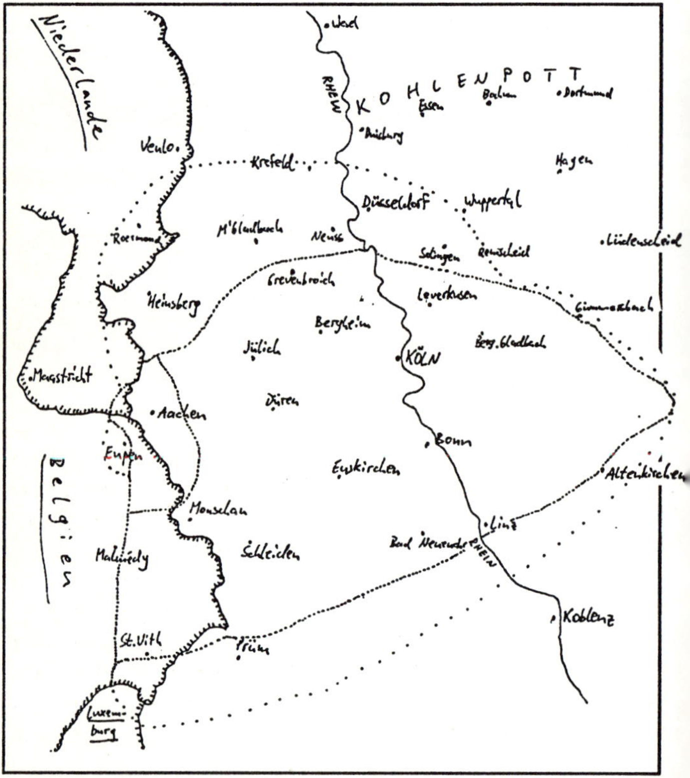

Die rheinischen Dialekte sind übrigens ein Mischmasch aus Mittel- und Niederdeutsch, so daß eigentlich für (fast) jeden anderen Dialektsprecher etwas dabeisein müßte. Auswärtige finden wahrscheinlich, daß sich alle rheinischen Dialekte gleich anhören, Einheimische finden, daß dazwischen Welten liegen. Die Wahrheit liegt wie immer in der Mitte: Ein Kölscher kann sich zwar ohne größere Probleme auf Platt mit einem Nordeifeler verständigen, aber manchmal wird's doch schwierig. Wenn der Eifeler sagt, "Isch hann jehuët, hä hääf de Jrumpere in de Kulang jeschmosse", dann kann der Kölsche nicht direkt ahnen, daß es auf kölsch heißt **Isch hann jehoot, hä hätt de Äädäppel in de Sood jeschmisse** (Ich habe gehört, er hätte die Kartoffeln in die Gosse geworfen).

Kölsch hat als Stadtdialekt eine starke Eigenentwicklung durchgemacht, die heute noch anhält. Und noch immer können die Kölschen Leute aus dem weiteren Umland leicht am Dialekt erkennen.

Wä deit kölsch kalle?

Da Köln Unmassen von Menschen aus dem Umland, aus anderen Regionen und natürlich anderen Ländern angelockt hat und immer noch anlockt, spricht leider längst nicht jeder Einwohner von Köln auch kölsch. In dieser Beziehung ist die Welt im Kölner Umland noch etwas heiler. In Köln jedoch vermischen sich "Echtkölsch" und die Stadtteildialekte immer mehr, und auch Hochdeutsch beeinflußt das Kölsche nicht zu knapp. Na gut, jede lebende Sprache entwickelt sich - auch Kölsch. Aber daß sich viele Leute abgewöhnt haben, andere auf der Straße einfach unverblümt auf kölsch anzusprechen, weil sie von Zugereisten oft eh nicht verstanden werden, **dat iss jå doch irjendwie schad.**

Aber es gibt auch Lichtblicke: Kölsch wird nämlich trotzdem noch als erste Fremdsprache gelernt. Wenn ein Italiener zwischen Italienisch und Kölsch hin und her schaltet, als gäbe es nichts Natürlicheres, freut sich jeder echte Kölsche. Ein fremdländischer Akzent wird da gern toleriert. Wenn ein Italiener sagt "Ische anne Schanusse voll", dann meint er **Isch hann de Schnüß voll** (Ich hab' die Schnauze voll). Ach übrigens: Unter echten Kölschen ist Kölsch natürlich immer noch die einzig mögliche Sprache. Was ein Kölscher ist? **Dat krieje mer noch.** (Das kriegen wir noch.)

Attikelazijon un Ottejrafie

Wie schriev mer rischtisch?

Die wichtigste Rechtschreibregel des Kölschen ist: Es gibt keine Rechtschreibung. Jeder, der überhaupt kölsch schreibt, schreibt so wie er will, und jeder, der das dann liest, wird sagen "**Alsu, *isch* hätt dat janz andersch jeschrivve.**" (Also, ich hätte das ganz anders geschrieben.). Für den Sprachführer brauchen wir also sozusagen erstmal ein paar "Privatregeln", an denen dann garantiert *auch* wieder etliche was zu ändern hätten, **ävver wat sall mer maache...?** (Aber was soll man machen?).

Zum ersten wird versucht, das Schriftbild so zu halten, daß es nicht zu fremd aussieht. Zum zweiten wird aber natürlich alles mitgeschrieben, was das Kölsche vom Hochdeutschen unterscheidet. **Jehüre** steht also mit einem ü, weil "gehören" auch nur ein ö hat. **Huus** (Haus) bekommt zwei u's, damit die Zahl der Buchstaben gleich bleibt. **Baach** (Bach) bekommt aber zwei a's, weil das a im Gegensatz zum Hochdeutschen lang ist.

Da die Kölschen "i, ü, u" oft sehr "**e-, ö-, o-**"artig aussprechen, schreiben sie das auch so - *wenn* sie denn mal kölsch schreiben. Aber auch mit dieser Tradition breche ich hier, weil "i, ü, u" für Nicht-Kölsche vertrauter aussehen.

Übrigens stehen die kölschen Beispiele in diesem Buch in Fettschrift. Meist wird nach Bedarf mal wörtlich, mal "schön-hochdeutsch" übersetzt, was aber in der Regel jeder selbst merken wird. Nur manchmal gibt es zwei Übersetzungen - eine wörtliche und eine echt hochdeutsche, wobei die wörtliche dann in kursiver Schrift erscheint.

Wie mer Kölsch ussprisch

Kölsch gehört leider zu den Dialekten, die Auswärtige für besonders schwer verständlich halten. Deshalb kommt man nicht darum herum, am Anfang die Aussprache gründlich unter die Lupe zu nehmen. Und es gibt noch einen Grund, warum die Aussprache so besonders wichtig ist: Wenn man als Ausländer irgendeine kleinere Sprache lernt, freuen sich die Einheimischen normalerweise dermaßen über dessen Bemühungen, daß man einen haarsträubenden fremdländischen Akzent gern verzeiht. Bei Dialekten ist man aber gerade in puncto Aussprache ziemlich streng, und man darf nicht den Mut verlieren, wenn man Sprüche hört wie:

Enää, wann de nit hee jebåre biss, dann lierste dat niemåls!
Nein, wenn du nicht hier geboren bist, dann lernst-du das niemals!

Eine selbstbewußte Antwort wie

Åch, waat eesch ens af, Ehr sullt Üsch noch wundere!
Ach, wartet erstmal ab, Ihr sollt Euch noch wundern!

kann dann nicht schaden. Gern veräppelt man die Zugereisten auch mit solchen heimlistigen und hintertückischen Klöpsen wie "Sagen Sie mal **Mapperwuschekaplœnschebasselemännesje**". Wenn man erkennt, daß das ein reines Phantasiewort ist, hat man die nächste Runde gewonnen. Andererseits sind die Kölschen ganz gute Lehrmeister. Wenn man sich für die **Kölsche Språch** interessiert, sind die meisten Kölschen schnell bereit, **demm vun Uswääts** (dem von Auswärts) sprachlich auf die Sprünge zu helfen.

l	Das *l* hat manchmal einen etwas englisch klingenden Sound. Wie beim englischen Wort *well* bekommt auch das kölsche *l* manchmal einen "dicken" Klang. Die Regel, wann das "dicke" und wann das "dünne" *l* gesprochen wird ist genauso wie im Englischen: Wenn ein Vokal folgt, klingt das *l* "dünn", also wie im Hochdeutschen, sonst "dick". dünnes *l* wie auf hochdeutsch: **Kölle** dickes *l* wie auf englisch: **Kölsch**
ch	Während das hochdeutsche ch mal als ach-Laut, mal als ich-Laut vorkommt, kennt das Kölsche nur den *ach*-Laut. Anstelle des ich-Lauts wird ein sch gesprochen. Deshalb haben die Kölschen damit auch Schwierigkeiten im Hochdeutschen: "Kirche" klingt wie *Kirsche*, und wenn es ein Kölscher besonders gut machen will, kommt dabei oft solch eine mittelschwere Katastrophe heraus wie *Grieschiches Flächelschen* o.ä. Da es im Kölschen den ich-Laut nicht gibt, passiert es, daß in bestimmten Wörten ach-Laut und sch miteinander abwechseln. "Ein Bu**ch**, zwei Bü**ch**er" heißt deshalb: **ei Booch, zwei Bööscher.**
p t k	spricht man im Kölschen mit weniger Power aus als im Hochdeutschen. Während so mancher Nicht-Kölsche das p in "Post" derart energiegeladen hervorexplodiert, daß man damit locker sämtliche Kerzen auf einem Geburtstagskuchen auf einmal ausblasen könnte, spart sich der Kölsche diese völlig unnötige Anstrengung. Außerdem gibt's beim t noch eine Besonderheit: Wenn es am Wortende steht, fällt es mitunter weg:

	am Wortende: **Amp** (=Amt) nicht mehr am Wortende: **Ämpter** (=Ämter) In der Wortliste steht bei solchen Wörtern ein Hinweis, damit man weiß, daß das t womöglich wieder auftauchen kann. In zusammengesetzten Wörtern zählt übrigens jedes Wortende für sich. Deshalb gibt es in Köln ein Gebäude, das mit drei t's geschrieben wird, von denen man aber keines spricht: **Haup'poss'amp** (=Hauptpostamt)
r	Das *r* spricht man genauso wie im Hochdeutschen, also bitte nicht mit der Zungenspitze. Das Zungenspitzen-r ist nämlich der wichtigste Unterschied zwischen Stadt- und Land-Kölsch. Für den echten Stadt-Kölner ist es ein totsicheres Indiz dafür, daß jemand aus dem Umland kommt und damit ein **Buur** (Bauer) ist.
tfxkr	Der Kölsche scheint eine Abneigung gegen bestimmte Häufungen von Konsonanten zu haben, vor allem, wenn diese am Wortende auftauchen. Und wenn dann noch ein r, l oder n mitmischt, dann muß etwas dagegen unternommen werden, wie das Beispiel zeigt: **Se hann die Millisch för fünnef Marrek in demm Dörrep jekåuf.** Sie haben die Milch für fünf Mark in dem Dorf gekauft.
ä œ å	Diese Laute kommen in vielen Dialekten vor, aber nur einer davon im Hochdeutschen, nämlich das ä. Damit haben aber auch viele Leute Probleme. Viele sprechen nämlich "schämen" genauso wie "Schemen", und das geht im Kölschen so nicht. Das *ä* muß ganz offen gesprochen werden!!! Das gleiche gilt für das *œ*. Es klingt genauso wie das *ö* in *Köln*, ist aber immer lang. Selbst Schafe können *Mœœœh* sagen und nicht "Mööööh"! Zum guten Schluß das *å*: Das klingt wie das o in "kochen", ist aber immer lang: ***Bååådh äääh!***. Das *å* taucht meist in solchen Wörtern auf, wo Hochdeutsch ein a hat. Der Buchstabe *å* sorgt dafür, daß das Schriftbild nicht zu fremd aussieht, und das kleine o obendrauf erinnert an die o-artige Aussprache.

	Hä säät, se kœm de Stråß eraff. Er sagt, sie käme die Straße herunter.
a	Das a klingt immer gleich, egal ob lang oder kurz. Das wird für manchen Norddeutschen eine Umstellung sein. Dort hört man statt "abfahren" oft sowas wie "äbfåhrn". Die zwei a's in der kölschen Version klingen aber genau gleich: ***affahre***
ei **äi** **åu** **eu/äu**	Wird nicht wie a+i, sondern wie e+i gesprochen. Ähnlich wie e+i, aber das e viel offener - eben als ä. Das a klingt o-artig, deshalb steht deutlichkeitshalber ein å. Wird wie ö+i gesprochen: neu → *nöi* **Dä kleine Åuto vum Räiner iss neu.** Der(!) kleine Auto vom Reiner ist neu.
Länge	Manche Konsonanten können lang(!) gesprochen werden. Das Wort "Lappen" klingt auf hochdeutsch kurz und abgehackt, auf kölsch glaubt man aber fast, daß das p gar nicht mehr aufhört: hochdeutsche Aussprache: Lapm kölsche Aussprache: ***Lappppe***

Binden - Binge

Im Gegensatz zum Hochdeutschen gibt es im Kölschen eine ausgesprochene Vorliebe dafür, Wörter im Satz zu Gruppen zusammenzubinden und nicht abgehackt und einzeln auszusprechen. (Engländer und Franzosen machen das übrigens auch.) "Ich bin im Auto" heißt auf kölsch: **'Sch bin im Åuto**

Das klingt für Ungeübte fast wie "Spinne Måuto". Das deutsche Ohr ist darauf getrimmt, Wortgrenzen herauszuhören. Das kölsche Binden läßt diese aber dermaßen **futüü jonn** (vor die Hunde gehen), daß man sich das Hören auf Wortgrenzen am besten abgewöhnt. Die Kölschen treiben es mit ihrer Binde-Sucht sogar soweit, daß sie manchmal Bindelaute zwischen die Wörter schieben, nur damit man nicht getrennt sprechen muß: "Kannst du mal still sein?" heißt dementsprechend: **Kannste-r-ens still sin?**

Im Zusamenhang mit dem Binden gibt es noch die Auslauterweichung. Das heißt zunächst mal, daß beim Binden die sog. harten Konsonanten weich werden. Nehmen wir einfach noch ein paar Demosätze und lassen uns überraschen, wie die beim ungeübten Ohr ankommen würden:

Hochdt.:	Er steht auf einer Straße herum.
Kölsch:	**Hä steit op ener Stråß eröm.**
Klang:	*Hä steidobbener Stråseröm.*
Hochdt.:	Ich habe es auch nicht so leicht mit ihm.
Kölsch:	**'Sch hann et och nit esu leisch mit imm.**
Klang:	*Schaneduch niddesu leisch midimm.*
Hochdt.:	Könnt ihr mir nicht mal eine Mark leihen?
Kölsch:	**Künnt er mer nit ens en Marrek liene?**
Klang:	*Kündermer niddensen Marrek liene?*
Hochdt.:	Quatsch ist das alles!
Kölsch:	**Quatsch is dat all!**
Klang:	*Quadschis dadall.*

Na, schon beim Lesen überrascht? **Dann mœt er uns eesch ens schwade hüre!** (Dann mußt du uns erst mal reden hören!) Binden kann man also fast immer, und wer den Einheimschen sorgfältig aufs Maul schaut, der ertappt sich wahrscheinlich dabei, daß er automatisch bald selbst bindet.

Falls Sie sich die Sätze, die in diesem Band vorkommen, einmal von einem Kölschen gesprochen anhören möchten, besorgen Sie sich doch die **Kauderwelsch-Begleitkassette** zu diesem Buch. Jeder Buchhändler kann sie beziehen. Sie erhalten sie aber auch beim Rump-Direktversand. Die Adresse steht vorn im Impressum. Kostenpunkt: DM 14,80 plus DM 4,50 für Porto und Verpackung.

Dä kölsche Singsang

Eigentlich sträflich, daß dieser Abschnitt ganz am Schluß des Aussprache-Kapitels steht. Der "Singsang" ist neben dem Binden schließlich das, was dem Kölschen seinen unverwechselbaren Klang gibt. Deshalb ist es ganz wichtig, diesen Singsang so gut wie möglich nachzumachen. Das heißt für die Praxis: Soviel wie möglich den Einheimischen zuhören, denn die Intonation kann ich ja schlecht aufschreiben. Der folgende Abschnitt ist also nur eine ziemlich grobe Beschreibung.

Fragen haben ihren speziellen Singsang. Im Hochdeutschen hebt man die Stimme bei Fragen zum Schluß an. Im Kölschen geht die Stimme zwar auch erstmal hoch, dreht aber am Schluß plötzlich eine rasante Kurve nach unten, was man auch bei Kölschen hören kann, die ansonsten ganz passabel Hochdeutsch sprechen. Bei dieser Kurve wird der Schluß des Wortes gern langgezogen:

Kannst du mal kom^{me}ennnn?

Damit nicht genug: Der kölsche Singsang betrifft nicht nur ganze Sätze, sondern sogar einzelne Wörter. Manche Wörter klingen nämlich seltsam kurz und abgehackt, während andere scheinbar bis zum Es-geht-nicht-mehr in die Länge gezogen werden. Es gibt auch ein paar Wörter, die überhaupt nur dadurch unterschieden werden:

Kölsch	**die W$^{e}_{e}$sch**	↔	**dat W^{e}e^{e}sch**
Tonfall	↘		~
Hochdt.	die Wiege	↔	das Mädchen

Beim ersten Beispiel wirkt das "ee" wie abgeschnitten, weil die Stimme abrupt so tief in den Keller fällt, daß sie mitunter gar nicht mehr zu hören ist. Beim zweiten Wort passiert das genaue Gegenteil: Die Stimme geht von oben nach unten und wieder nach oben zurück. Dadurch hört es sich so an, als ob man drei eee's hintereinander hört. Man braucht das als Auswärtiger nicht gleich perfekt zu können. Einzelne Fehler stören kaum - womöglich fallen sie nicht mal auf. Aber Kleinvieh macht in Mengen natürlich auch Mist.

Natürlich freut es jeden Kölner, den Zugereisten an dem beliebten Testwort **Bl$^{o}_{0}$tw^{o}o^{o}sch** (Blutwurst) scheitern zu hören. Das hat nämlich als zusammengesetztes Wort die Gemeinheit, daß jeder Teil seinen eigenen Singsang-Typ hat. Auch wenn kaum ein Kölscher je näher darüber nachgedacht hat, hat er den Unterschied zwischen den beiden gut im Gefühl, und er wird nicht schlecht staunen, wenn ein Auswärtiger dieses Wort so richtig kölsch hervorbringen kann. Ansonsten gilt verstärkt: Zuhören und nachmachen.

Et Håupwååt

De Fällfall

Wie wir alle in der Schule gelernt und dort auch gleich wieder vergessen haben, gibt es im Deutschen vier Fälle: Nominativ (1. Fall: Wer?), Genitiv (2. Fall: Wessen?), Dativ (3. Fall: Wem?) und Akkusativ (4. Fall: Wen?). Die Kölschen scheinen eine Vorliebe für ungerade Zahlen zu haben, denn der erste und der dritte Fall sind noch quicklebendig. Den zweiten Fall haben die Kölschen zum Sippengenitiv umfunktioniert (na, schon gespannt, was das ist?), und vom vierten Fall ist nicht mehr allzuviel übrig.

Ein seltenes Beispiel, wo er noch da ist: **Hä süht misch.**
Er sieht mich.

Sonst benutzt man schamlos den ersten Fall: **Isch sinn hä.**
ich sehe er
Ich sehe ihn.

Isch, do, dä, die, dat

Die Fürwörter und die Artikel werden im Kölschen, wie auch in vielen anderen Dialekten, oft besonders stark verschliffen. Dabei kommen mitunter Formen heraus, die sich zum Binden hervorragend eignen. Manche Formen werden mit dem vorhergehenden Wort verschmolzen, was auch in hochdeutscher Umgangssprache schon mal vorkommt.

Wat määste dann då?
Was machste denn da?
Was machst du denn da?

Also sujet hammer jään!
Also sowas ham-wer gern!
Also sowas haben wir gern!

Dat künnt er'm jå och morje jevve.
Das könnt-er 'm ja auch morgen geben.
Das könnt ihr ihm ja auch morgen geben.

Der Übersicht halber bekommen Sie hier eine kleine Auswahl an Fürwörtern und Artikeln, die jeweils als Vollform aufgelistet sind und dann noch einmal in einer stark verschliffenen Form. In den Beispielsätzen steht mal die Vollform, mal die reduzierte - so wie man eben auch sprechen würde.

Vollform	Reduziert	Hochdeutsch
isch	**'sch**	ich
do / deer oder **dir**	**de / der**	du / dir
hä / imm	**'e / em** oder **'m**	er / ihm
sei	**se**	sie
it	**et oder 't**	es
meer oder **mir**	**mer**	wir
ehr oder **ihr**	**er**	ihr
dä / die / dat	**de** oder **d'r / de / et**	der / die / das
demm	**d'm** oder **'m**	dem
denne	**de**	denen/den (Mehrz.)

Das hochdeutsche Wörtchen "man" hat ja bei Feministinnen den Ruf, es würde die Gleichberechtigung untergraben, weil es sich zufällig so anhört wie "Mann". Die ganze Diskussion kann im Rheinland kaum jemand so richtig verstehen, denn hier heißt "Mann" ebenfalls **Mann**, "man" heißt aber **mer** (unbetont). **Luurt üsch dat ens aan** (Seht euch das mal an):

Dat däät ene <u>Mann</u> niemåls.
Das täte ein Mann niemals.

Dat däät <u>mer</u> niemåls.
Das täte man niemals.

Jot Kundewitt mit "dä die dat"

Übrigens haben Wörter im Kölschen nicht unbedingt immer dasselbe Geschlecht wie im Hochdeutschen. "Das Fenster" ist z.B. weiblich: **die Finster**. Ebenso der Bach: **die Baach**. Wer allerdings die hochdeutschen Formen benutzt, also **dat Finster** und **dä Baach**, wird nicht sehr auffallen.

Frauennamen werden dagegen munter mit dem sächlichen Artikel kombiniert; überhaupt spricht man über Frauen häufig mit der Form **"it/dat"** (es/das) statt **"sei/die"** (sie/die). Auch wenn mancher "Hochdeutsche" es kaum glauben mag: Das ist keineswegs herablassend oder diskrimniernd, ganz im Gegenteil! Die sächliche Form drückt gefühlsmäßige Nähe und Zuneigung aus. Die weiblichen Formen wirken kühl und distanziert, so daß sich eine Frau, über die man in dieser Form spricht, u.U. sogar Sorgen um ihr **Immitsch** (Image) machen muß:

Positiv:	***Dat* Lisbeth hann isch rischtisch jään!** Das Elisabeth hab' ich richtig gern!
Negativ:	**Enää, isch fingen, *die* 's komplett bestuss!** Nein, ich finde, die ist komplett bescheuert!

Und wo wir schon über gute Manieren sprechen: Die Höflichkeitsform "Sie" wird im Kölschen durch die 2. Person Mehrzahl **Ehr** ausgedrückt. (Viele sagen mittlerweile "Ihr", aber in diesem Sprachführer bleiben wir bei der traditionsreichen Form "**Ehr**".) Selbst bei Kölschen, die halbwegs Hochdeutsch sprechen, hört man diese Ausdrucksweise. Man muß sich also nicht wundern, wenn man auch auf hochdeutsch mit "Ihr" angesprochen wird, obwohl man alleine ist. Keine Angst, das "Ihrzen" stempelt niemanden zur gespaltenen Persönlichkeit! Über eine Frau, die man "ihrzen" würde, spricht man dementsprechend auch in der distanzierten weiblichen Form und nicht in der sächlichen. Manchmal hört man sogar noch die alte Anrede mit er und sie, die ein Ausdruck besonderer Höflichkeit ist:

Jefällt et imm/ehr dann hee?
Gefällt es ihm/ihr denn hier?
Gefällt es Ihnen denn hier?

Auch hier bitte nicht irritert sein! Die Frage geht nicht an Ihren Begleiter, sondern an Sie selbst!

Trotz der verschiedenen Höflichkeitsformen kommt man in Köln so schnell wie möglich zum "Du", das man ruhig als Sympathiebeweis verstehen darf. Wer das "Du" als herablassend empfindet, der ist kaum ein echter Kölscher.

Hochdeutsch radebrechende Kölsche können übrigens gute Lehrmeister sein, weil sie nämlich meist nur die hochdeutsche Aussprache nachmachen, dabei aber die kölsche Grammatik komplett beibehalten. Sätze wie "Meine Mann hat **für** mich gesagt, **das** Anna **käuft** sich jeder Tag neue Sachen" sind für Zugereiste sprachlich äußerst aufschlußreich. Sie sagen aber auch etwas über die Haltung manches Kölschen zu seiner Muttersprache aus. Viele halten das Kölsche unbewußt immer noch für minderwertig, auch wenn sie das nicht offen zugeben würden. Sie versuchen dann, trotz mangelnder Sprachkenntnisse, hochdeutsch zu sprechen, und erst dann geht die Katastrophe wirklich los. Und Leuten, die sagen "Derheim spresche mir ja immer mit unse Kinder hochdöitsch", entgegnet man am besten: **Lück, låt et blieve. Leever jot Platt wie verdrieht Huhdütsch!** (Leute, laßt es bleiben. Lieber gutes Platt als verdrehtes Hochdeutsch!)

Aber zurück zur Grammatik (Seufz!). Die Fälle werden nämlich **op en janz eijen Aat** (auf eine ganz eigene Art) gebraucht. Im nächsten Kapitel steht, wieso.

Wat iss loss mi'm zweide Fall?

Als erstes wollen wir mal den oben erwähnten Sippengenitiv vorstellen. Der taucht nämlich in normalen Familiennamen auf. So heißt z.B. der Anton Meier auf kölsch **Meiers Tünn**, und die Gertrud Schmitz heißt **Schmitzens Drück**. So werden alle Namen behandelt. Wenn man sein Ohr mal in eine Werkskantine hält, kann man womöglich sowas hören:

> **Då säät doch dä Passis Finzenz für dä Jentschens Memmet...**
> Da sagt doch der Vincenzo Passi zu dem Mehmet Genç...

Bei Frauen behalten die Familiennamen ihr "s" noch in einem weiteren Fall. Da zeigt sich dann, daß für den Sippengenitiv auch der Name Lästergenitiv passend ist:

> **Jester hann isch die Müllers mi'm fremde Kääl jesinn!**
> Gestern habe ich die Müller mit-einem fremden Kerl gesehen.

Aber wie drückt man auf Kölsch denn nun ganz normale Besitzverhältnisse aus? Da gibt es einmal besitzanzeigende Fürwörter wie im Hochdeutschen:

ming	**uns**
ding	**ühr**
sing, ehr	**ehr**

z.B.: **minge Mann, ding Fråu, ühr Huus**

Bei Formen wie "dessen" oder "deren" geht es aber schon los: "Der Mann kommt mit seinem Freund, um sich *dessen* Haus anzusehen" -also das Haus des Freundes- heißt so:

Dä Mann kütt mit singem Fründ för sisch demm sing Huus aanzeluure.
Der Mann kommt mit seinem Freund für sich dem sein Haus anzusehen.

Diese Ausdrucksweise gibt es in vielen Dialekten. "Deren Haus" (Mehrzahl) heißt:

denne ehr Huus	denen ihr Haus

Genauso funktioniert das auch bei anderen Besitzverhältnissen:

Demm Pitter singe Mantel	Peters Mantel
Unse Nåhbere ehr Huus	Das Haus unserer Nachbarn
De Katz ehre Fresspott	Der Freßnapf der Katze
Demm Anna si Åuto*	Annas Auto

*Nicht vergessen: Über Frauen spricht man in der sächlichen Form; das gehört zum guten Ton! (**Dem** Anna **sein** Auto) - Diese Ausdrucksmöglichkeit kann nur bei Lebewesen benutzt werden.

Das Wort "gehören" drückt auf Kölsch eine "Zugehörigkeit", aber keinen Besitz aus. Beispiel:

Ihrefeld jehürt bei Kölle.
Ehrenfeld gehört bei Köln.

Dat Jlas jehürt in der Schaff.
Das Glas gehört in der Schrank.

Wenn ein echter Besitz gemeint ist, geht es so:

Dat Bier iss mir.
Das Bier ist mir.

Dä Åuto iss unsem Nåhber.
Der Auto ist unserem Nachbarn.

Iss dat Üsch?
Ist das Euch?
Gehört das Ihnen?

Als letztes gibt es noch eine Ausdrucksmöglichkeit, die auch in hochdeutscher Umgangssprache oft vorkommt, nämlich mit dem Wörtchen **vun** (von). Dies benutzt man vor allem, wenn man nicht von Lebewesen spricht:

Dat iss mi Åuto. Die Dür dåvun iss kapott.
Das ist mein Auto. Die Tür davon ist kaputt.
Das ist mein Auto. Dessen Tür ist kaputt.

Einen richtig guten Stil bekommt man aber erst,
wenn man die Ausdrucksweise total umkrempelt:

Dat iss mi Åuto. Dat hät de Dür kapott.
Das ist mein Auto. Das hat die Tür kaputt.

Wie-dann-wo-dann-wann-dann-Wœder

Präpositionen, auch Verhältniswörter genannt, sind solche Miniwörter wie "in, auf, unter, über, zu, vor, hinter, bei, um, ab, von, durch, mittels.....". Die Kölschen verwenden manche davon abweichend vom Hochdeutschen:

Hä hät för misch jesaat, isch sullt ens bei Üsch kumme.
Er hat für mich gesagt, ich sollte mal bei Euch kommen.
Er hat zu mir gesagt, ich sollte mal zu Ihnen kommen.

Dä jehürt mit bei uns.
Der gehört mit bei uns.
Er gehört mit zu uns.

Veedel op drei
Viertel auf drei
Viertel nach drei.

Jedöönswœder

Die wisse nit, wat se welle!

Deit mer leid (Tschuldigung), aber zunächst kommt nochmal ein bißchen knochentrockene Grammatik. Wie jeder vergessen hat, gibt es im Deutschen schwache und starke (= unregelmäßige) Verben (Tätigkeitswörter). Da auch Kölsch zum Deutschen gehört -**mer sullt et nit jläuve** (man sollte es nicht glauben)-, läuft das da genauso. Leider haben die kölschen starken Verben aber eine derartige Eigenentwicklung hinter sich, daß sie besonders für Fremde ein Bild des Chaos abgeben. Im Wörterverzeichnis stehen deshalb ein paar wichtige starke Verben mit allen Veränderungen. Nebenbei bemerkt, es gibt auch Mischformen wie **jesore/jesåuch** (gesogen/gesaugt), die bis jetzt noch niemand als halbstarke Verben bezeichnet hat - wir werden die ersten sein!

Wie mer die Forme bruche deit

Also erstmal die gute Nachricht: Es gibt viele Verben, die gar keine eigene Vergangenheitsform mehr haben. Statt dessen benutzt man die zusammengesetze Vergangenheit. Kaum jemand sagt noch:

Fröhter kochte mer et Åvends immer Zupp.
Früher kochten wir des abends immer Suppe.

Normal wäre:

Fröhter hammer et Åvends immer Zupp jekoch.
Früher haben-wir des abends immer Suppe gekocht.

Und jetzt die schlechte Nachricht: Ausgerechnet bei den starken Verben, die eh schon so kompliziert sind, erfreuen sind noch alle Formen bester Beliebtheit, sogar der Konjunktiv:

Hä saaten, hä kœm baal.
Er sagte, er käme bald.

Bei den schwachen Verben geht's einfacher:

Hä meinten, hä däät hück länger arbeide.
Er meinte, er täte heute länger arbeiten.
Er meinte, er würde heute länger arbeiten.

Das Wort "werden", kölsch **wääde**, bedeutet nie Zukunft, sondern immer nur "wird wohl":

Se wääde wahl alt aanjekumme sin.
Sie werden wohl schon angekommen sein.

Die Zukunft muß durch Zeitangaben ausgedrückt werden.

Se kütt <u>morjen öm sibben</u> am Håupbahnef aan.
Sie kommt morgen um sieben am Hauptbahnhof an.

Diese Ausdrucksweise ist ja auch in der hochdeutschen Umgangssprache nichts Besonderes. Interessanter sind die Lösungen des Kölschen für so verzwickte Formen wie "Morgen früh werde ich das Zimmer geputzt haben":

Morje fröh hann isch dat Zimmer jeputz.
Morgen früh habe ich das Zimmer geputzt.

Hier kombiniert der Kölsche ganz dreist aber doch sehr effektiv eine Vergangenheitsform mit einer Zeitangabe der Zukunft. Mancher Deutschlehrer würde bei sowas Magengeschwüre bekommen, aber Kölsch hat eben seine eigenen Regeln, die vollkommen OK sind, solange man sie auch wirklich nur im Kölschen anwendet.

Es gibt übrigens noch eine Möglichkeit, Vergangenheitsformen auf die Zukunft oder Gegenwart anzuwenden, und zwar dann, wenn man sich über irgendwas nicht sicher ist und nochmal nachfragt:

Wår dat ding Kölsch?
War das dein Kölsch?
Ist das dein Kölsch?

Wat sitz do dann hee esu fuul erömm,
måts do nit in drei Minutte jonn?
Was sitzt du denn hier so faul herum,
mußtest du nicht in drei Minuten gehen?
Was sitzt du denn hier so faul rum,
mußt du nicht in 3 Minuten gehen?

Und dann war da noch... Die kölsche Verlaufsform. Die gibt es zwar auch außerhalb Kölns, ist dort aber nicht immer so ausgefeilt. Jeder hat sicherlich schon mal gehört oder sogar selbst gesagt: "Ich bin am essen" statt "Ich esse gerade". Das geht auf Kölsch auch gut:

Isch bin am esse.

Man kann diese Konstruktion aber auch ausbauen:

Isch bin en Zupp am esse.
Ich bin eine Suppe am essen.

Dä iss sisch öm am trecke.
Der ist sich um am ziehen.

Hä iss fään am luure.
Er ist fern am kucken.

Isch bin die Zeidung am läse.
Ich bin die Zeitung am lesen.

Wie mer sisch usdrück

Bis hierhin hat es ja schon massig Tips gegeben, wie man sich auf kölsch gut ausdrückt. Dabei ist wahrscheinlich schon klargeworden, daß Ausdrucksweisen, die auf hochdeutsch einen schlechten Ruf haben, auf Platt gerade besonders guter Stil sind. Das weckt vielleicht bei manchen den Eindruck, daß Kölsch -und auch andere Dialekte- deswegen primitiv und unterentwickelt sind. Man darf aber nie vergessen, daß auch Dialekte selbständige Systeme mit eigenen Regeln sind; auch wenn diese Regeln manchmal den hochdeutschen komplett zuwiderlaufen. Ein paar Zusatztips zur Stilkunde fehlen noch, und die werden jetzt nachgeliefert. Erstmal muß man wissen, daß Kölsch nicht so viele "Unken" hat, also Wörter, die auf -ung enden. Manchmal muß man die Unken etwas umformulieren, manchmal gibt es aber auch echte Eigenkonstruktionen; "Bedeutung" heißt z.B. **Bedüggenis** (Bedeutnis).

Man kann sogar Beamtendeutsch und Nachrichtensprache austricksen. Nehmen wir mal den Beispielsatz "Anschließend kam es zur Durchführung einer landesweiten Meinungsumfrage bezüglich dieses Themas." Auf kölsch sieht das so aus:

Dådrop hann se im janze Land de Lück jefråch, wie se dat fünge.
Darauf haben sie im ganzen Land die Leute gefragt, wie sie das fänden.

Mal ehrlich: Diese **jradussene** (geradeaus gehende, direkte) Ausdrucksweise hat bestimmt schon so mancher von Ihnen z.B. in den Nachrichten vermißt, ne? Kölsch ist also wohl doch mehr als nur ein primitives Anhängsel des Hochdeutschen.

Auch in der Wortbildung gehen die Kölschen oft sehr spontan eigene Wege, wie das Wort **jradussene** schon zeigt. Weitere Beispiele dieser Art sind

die zoe Dürre
die zu-en Türen
die geschlossenen Türen

die lilane Butz
die lila-ne Buchse
die violette Hose

dat Jeschängs
dat Geschimpfe
das Schimpfen

dat Jehöhns
das Gehühn
die Hühnerschar

Weiterhin sollte man wissen, daß man sich in Köln nicht nur eine Jacke oder Hose **aantrecke** (anziehen) kann. Das einzige, was man sich nicht "anzieht", ist ein Regenschirm!

Waat, Jung, isch muß mer eesch ens de Brill aantrecke.
Warte, Junge, ich muß mir erstmal die Brille anziehen.

Treck der de Kapp aan, et iss jot kalt drusse!
Zieh dir die Mütze an, es ist gut kalt draußen!

In der Kneipe hört man häufig die Frage:

Dot Ehr mer noch e Kölsch?
Tut Ihr mir noch ein Kölsch?
Geben Sie mir noch ein Kölsch?

Und man muß nicht glauben, daß sich zwei Stotternde unterhalten, nur weil sie sagen:

Deit dat dat? - Dat dat dat deit!
Tut das das? - Daß das das tut!
Tut sie das? - Und ob sie das tut!

Als besonders guten Stil empfindet der Kölsche übrigens bildhafte Vergleiche – je drastischer desto besser! Auch lautmalende Wörter sind willkommen, und für kreative Neuschöpfungen stehen Tür und Tor offen. Die folgende Liste spricht sicherlich für sich selbst:

Kölsch	konkret	bildlich
Lingedänzer	Seiltänzer	Mensch mit tänzelndem Gang
Qualster	Schleimbrocken	feiste Frau
Senk	Abfluß im Boden	Säufer
Rattestätz	Rattenschwanz	kleine Rundfeile
Höhnerfüttsche	Hühnergesäß	Haut am Ellbogen
Kläävbutz	Klebehose	Gast, den man nicht los wird
Quetschebüggel	Quetschbeutel	Akkordeon
Blås	Blase	Plastiktüte
Schwademare	Magenwurst	kleiner, dicker Mensch
Stoppe	Korken	kleingewachsener Mensch
Fuss	Fuchs	Kupfermünze, Rothaariger
Waggelent	Wackelente	Person mit watschelndem Gang
Jedankeschaff	Gedankenschrank	Kopf
Rotzbattrie	Rotzbatterie	Nase
Flüsch-op	fliegt auf	aufbrausender Mensch
Höppelepöppel	(lautmalend)	hinkender Mensch
Hoppeditzje	ungefähr: Hopser	Stampfer auf Baustellen

Kölsch un ander Kall

Kölsch als Jelierdespråch

Wer sich mal so richtig gelehrt ausdrücken möchte, ohne dabei als fremdwortschleudernder Angeber aufzufallen, der kann es ja mal mit Kölsch probieren. Dort sind nämlich Fremdwörter in Gebrauch, die im Hochdeutschen höchstens in überkandidelten Fachsprachen vorkommen. Eine kleine Auswahl von echten Fremdwörtern und welchen, die so aussehen:

laxeere	abführen (auch Durchfall!), laxieren
Pooschte	Ostern
Schineer	Befangenheit, Schüchternheit
ajeere	agieren, handeln, mit den Armen fuchteln
Kappes	Kohl
parat	bereit, fertig
pretendeere	beanspruchen, fordern
reputeerlisch	mit gutem Ruf
Spidål	Krankenhaus
pumadiseere	mit Pomade einreiben, pomadiseren
suplizeere	ersuchen, erbitten
vexeere	quälen, vexieren
firm	fest, standhaft
zackermenteere	fortwährend fluchen
verschängeleere	verschandeln (eigtl.: "verschandulieren")

Kölsch un Französch

Da Köln in seiner Geschichte immer wieder mal zu Frankreich gehörte, hat das Französische natürlich jede Menge Spuren im Kölschen hinterlassen. Es ranken sich auch etliche **Krätzjer un löstije Verzellscher** (Witze und lustige Geschichten) um die französische Zeit. Einmal soll jemandem zur damaligen Zeit mitten in der Stadt das Pferd **jeck jewoode** (wild geworden) und mit dem Hinterteil voraus in eine Schaufensterscheibe gedonnert sein, was diese nicht überlebte. Ein hinzueilender französischer Soldat fragte, was passiert sei. Einer der Zeugen soll darauf halb französisch halb kölsch geantwortet haben: "La **Pääd**, la **Futt**, la **Finster**." (Das Pferd, der Popo, das Fenster.)

Aber es soll auch Kölsche gegeben haben, die etwas mehr Französisch konnten. So manches "kölsche Mädsche" muß damals wohl sein **Pussiersche** (Flirt) mit den jungen französischen Wehrpflichtigen gehabt haben, die außerhalb der Stadt in Zelten lagerten. Wenn sich **dat Weesch** (das Mädchen) mal wieder heimlich dorthin aufmachte und von seinen Eltern gefragt wurde, wo es hin wollte, kam als Antwort "visiter ma tante", was eigentlich heißt "meine Tante besuchen". Das französische Wort für Zelt (tente) wird allerdings fast genauso ausgesprochen wie das für Tante, und gemeint war natürlich der attraktive junge Mann im Militärzelt und nicht die Tante. Dieses Wortspiel wurde aber irgendwann durchschaut. Und wenn die Eltern mal wieder zu hören bekamen "visiter ma tante", antworteten sie: **Maach kein Fisematente.** (Mach kein visiter-matante.) Aus dieser Verkölschung von "visiter ma tante" ist allmählich ein Wort für Hintertückisches und Unerlaubtes im allgemeinen geworden, das auch andere Dialekte übernommen haben.

Die Stelle, wo die Zeltlager standen, heißt heute Melaten (kölsch: **Malåte**). Das Wort kommt von frz. Maladie (Krankheit), denn es gab dort auch ein Feldlazarett. Die Tatsache, daß Melaten heute der größte Friedhof von Köln ist, soll angeblich nichts mit der Leistungsfähigkeit des alten Lazaretts zu tun haben.

Weitere französische und eingekölschte Lehnwörter sind

Kölsch	Deutsch	Französisch
Kundewitt	Benehmen	conduite
kötte	betteln	queter
Dääz	Kopf	tête
plümerant	schwindelig	bleu mourant
malätzisch	abgeschlafft, übel	malaise
Panz	Kind	pance
Pläsier	Gefallen	plaisir
Troddewaar	Bürgersteig	trottoir
Lamperie	Wandverkleidung	lambris
Luschewa	Liebhaber	liègeois
Schäng	Johannes/Hans	Jean
tschö/atschö	tschüß	adieu
schaluu	eifersüchtig	jaloux
Plümmo	Federbett	plumeau
pover	arm, ärmlich	pauvre
Schaschant	Polizist	sergeant
Pååz	Pforte, Tor, Tür	porte
us der Lamäng	aus dem Effeff	la main

Auch heute noch werden Fremdwörter ins Kölsche aufgenommen, und das ist eigentlich ganz okay so. Im Gegensatz zu hochdeutschen Wörtern werden echte Fremdwörter nämlich rigoros eingekölscht. Den Flughafen (engl. airport) spricht man hemmungslos als *Eerpocht*, z.T. sogar *Ääpet* aus. **Då kütt mer kåum noch drop, dat dat ens Englisch wår.** (Da kommt man kaum noch drauf, daß das mal Englisch war.)

Kölsch un Schinesch

Kölsch ist trotz allem Französischen natürlich eigentlich ein chinesischer Dialekt, und zwar der einzige, der mit lateinischer Schrift geschrieben wird. Die nahe Verwandschaft zum Chinesischen zeigt sich an vielen Merkmalen. So werden einzelne deutsche Wörter nicht selten durch mehrere kölsche Wörter wiedergegeben. "Gefängnisinneneinrichtung" heißt z.B.

huh Wäng lang Jäng
hohe Wände lange Gänge

Das Binden (s.o.) zeigt eindrucksvoll auch die Verwandschaft mit der chinesischen Aussprache:

Schäng, 't schink, 'sch hann Zantping.
Schäng tsching schan tsan ping
Hans, es scheint, ich habe Zahnschmerzen.

Kölsch als Sprachquell

Natürlich hat Kölsch nicht immer nur von anderen Sprachen übernommen, sondern auch selbst was gegeben. Die kölsche Gruppe "De Höhner" hat in einem ihrer Lieder deutlich gezeigt, wie das Jodeln in Bayern entstanden ist. Da haben nämlich mal ein paar kölsche Touristen in einer bayerischen **Weetschaff** (Wirtschaft) gesessen, und da es ihnen dort so gut gefiel, haben sie immer wieder gesungen:

Dat iss ne jode Lade hee!
Dadisne jodeladehee.
Das ist ein guter Laden hier!

Das hat die Einheimschen so beeindruckt, daß sie daraus einen eigenen Singstil erschaffen haben.

Kölle un de Kölsche

Köln: mehr als 1 Million Einwohner, über 405 km^2 Fläche, allerdings auch über 2.469 Einwohner pro km^2, in der Innenstadt über 8000!!! Ganz schön eng, was?

Köln im gesamtdeutschen Vergleich: Das Bundesland Bremen besteht aus immerhin zwei Städten, nämlich Bremen und Bremerhaven. Es hat zusammen die gleiche Fläche wie Köln allein, jedoch weniger als 700.000 Einwohner. Nur Berlin, Hamburg und München haben mehr Einwohner, und nur Berlin und Hamburg haben eine größere Fläche als Köln.

In Kölle wunne määt noch keine Kölsche

Wann eine in Kölle wunnt, iss'e op alle Fäll ene Kölner. Wann'e dann och då jebåre un opjewaaße iss, dann iss'e *vielleisch* ene Kölsche. Et deit ärsch helfe, wann och de Eldere us Kölle sin. Dann muß'e natürlisch Kölsch kalle un rischtisch "Blotwoosch" usspresche künne. Un wann'e dann och noch sing Stadt esu jään hät, dat'e zo Foß nåh Kölle jonn däät, dann iss'e bestimmp ene rischtije Kölsche. Un nit verjesse: Wä nit Blotwoosch sare kann, dä süht mer nit als Kölsche an.

Ne Kölsche deit sisch för jet Besundersch aanluure. Et jitt nämmisch drei Zåte Minsche op der Welt: Kölsche, Immis un Buure - jenau in dä Reih. Mir Kölsche, mir sin et Beste, wat de Welt jemåls jesinn hät. (Dat kammer vun sisch sellevs natürlisch jot sare, wa!?) Dä Immi iss keine Kölsche, ävver ene Kölner, un dä steit dåzwische. Dat iss ene Buur, dä ens jet jeliert hät - nämmisch dat et sisch in Kölle besser levve liet wie anderschwo op de Welt. Immi, dat heiß üvrijens "immiteete Kölsche". Un ene Buur, dat iss dann eine, dä et nit liere will. "Ijå", säät dann dä Kölsche voll Mitligge. "Et muß wahl och Lück jevve, die de Föß zem Bade in der Mistepohl halde."

Wenn einer in Köln wohnt, dann ist er auf alle Fälle ein Kölner. Wenn er dann auch da geboren und aufgewachsen ist, dann ist er *vielleicht* ein Kölscher. Es hilft sehr, wenn auch die Eltern aus Köln sind. Dann muß er natürlich Kölsch sprechen und richtig "Blutwurst" aussprechen können. Und wenn er dann auch noch seine Stadt so gern hat, daß er zu Fuß nach Köln gehen würde, dann ist er bestimmt ein richtiger Kölscher. Und nicht vergessen: Wer nicht Blutwurst sagen kann, den sieht man nicht als Kölschen an.

Ein Kölscher betrachtet sich als etwas Besonderes. Es gibt nämlich drei Sorten von Menschen auf der Welt: Kölsche, Immis und Bauern - genau in der Reihenfolge. Wir Kölsche sind das Beste, was die Welt je gesehen hat. (Das kann man von sich selbst natürlich leicht sagen, was!?) Der Immi ist kein Kölscher, aber ein Kölner, und der steht dazwischen. Das ist ein Bauer, der mal etwas gelernt hat - nämlich daß es sich in Köln besser leben läßt als anderswo auf der Welt. Immi heißt übrigens "immitierter Kölscher". Und ein Bauer ist dann jemand, der es nicht lernen will. "Ja", sagt dann der Kölsche voller Mitleid, "es muß wohl auch Leute geben, die die Füße zum Baden in die Jauchegrube halten."

Sonst noch Fragen zum kölschen Selbstbewußtsein??? Dazu paßt auch der folgende Spruch, der immerhin auch Selbstkritik durchscheinen läßt:

Ene Kölsche nimmp sisch sellevs op de Schüpp
- un liet sisch dann janz langsam falle.
Ein Kölscher nimmt sich selbst auf die Schüppe
- und läßt sich dann ganz langsam fallen.

Hinger Kölle ...

Nachdem nun klar ist, wie die Kölschen sich selbst sehen, braucht man ja wohl nicht mehr viel dazu zu sagen, wie sie ihre Stadt sehen. Das Selbstbewußtsein hatte ja auch immerhin seit dem Jahr 50 v. Chr. Zeit, sich zu entfalten, und diese Zeit hat es offensichtlich voll genutzt. Die ersten Kölschen waren übrigens italienische Gastarbeiter (=Römer). Kölle hieß in Römisch-Platt (=Latein) übrigens Colonia Claudia Ara Agrippinensis.

Da also kein Zweifel daran besteht, daß Köln der Nabel der Welt ist (dies ist noch eher bescheiden ausgedrückt), wollen wir uns noch schnell fragen, wie die Kölschen den Rest der Welt sehen. Außer Köln, der so ziemlich einzigen Stadt der Welt, die die Bezeichnung "Stadt" verdient, gibt es noch **Käffer** (Kuhdörfer). Die wichtigste Grundregel für das Verlassen der Stadt lautet:

Hinger Kölle fänk der Schungel an
Hinter Köln fängt der Dschungel an.

Köln hat natürlich nicht nur Freunde auf der Welt. Das wird klar, wenn man einen Düsseldorfer fragt. Dieses "herzliche" Verhältnis beruht auf Gegenseitigkeit. Das zeigt sich an Sprüchen wie:

Vun Altbier weed mer bestuss.
Von Altbier wird man dumm.

Eins iss jot an Düsseldörp - de Zuch nåh Kölle!
Eins ist gut an Düsseldorf - der Zug nach Köln.

Woför Dierversöök? Nemmt doch Düsseldoofe!
Wozu Tierversuche? Nehmt doch Düsseldoofe.

Mer sin jå kein Rassiste, ävver jäjen die D'dörper muß mer jet dunn!
Wir sind ja keine Rassisten, aber gegen die Düsseldorfer muß man etwas tun.

Kölsche, die sich einbilden, diese Sprüche gäbe es in Düsseldorf nicht, mit vertauschten Rollen natürlich, sind schief gewickelt - fürchte ich.

An dieser Stelle muß noch mit einer weit verbreiteten Fehleinschätzung aufgeräumt werden. Es soll ja immer noch vereinzelte Unwissende geben, die allen Ernstes glauben, Köln liege im Ruhrgebiet. Also mal ernsthaft: Niemand von uns Kölschen behauptet, Aschaffenburg liege in den Alpen, nur weil es zu Bayern gehört. Und niemand von uns behauptet, Frankfurt an der Oder wäre ein Stadtteil von Tokyo, nur weil es östlich von Berlin liegt. Das Ruhrgebiet ist alles zwischen Dortmund und Duisburg (sprich: Düüsburg!!!). Selbst Düsseldorf und Wuppertal gehören schon nicht mehr dazu. Kölle ist einfach im Rheinland - **dot ehr uns nit in der Kullepott verläje**! (Tut ihr uns nicht in den Kohlenpott verlegen!)

Wie mer wo hin kütt

Zerääschfinge

Saat, künnt Ehr mer vielleisch helfe?
Sagt, könnt Ihr mir vielleicht helfen?

Isch weiß üvverhåup nimmie, wo mer hee sin.
Ich weiß überhaupt nicht-mehr, wo wir hier sind.

Isch hann misch esu rischtisch schön verfrans.
Ich hab mich so richtig schön verfranst.

Saat ens, isch hann hee en Kaat; zeisch mer doch ens, wo mer sin.
Sagt mal, ich habe hier eine Karte; zeigt mir doch mal, wo wir sind.

Wie kütt mer dann et flücks an de U-Bahn? Isch muß misch jet zåue.
Wie kommt man denn am schnellsten an die U-Ban? Ich muß mich etwas beeilen.

Immer de Naas nåh, et Hingerdeil kütt vun sellevs mit.
Immer der Nase nach, das Hinterteil kommt von selbst mit.

Zo Foß

jonn	gehen	**stoche**	rasen, düsen
låufe	laufen	**jücke**	(schnell) gehen/fahren
renne	rennen	**op Jück**	unterwegs
stöckele	stöckeln	**Troddewaar**	Bürgersteig
hüppe	springen	**Sood**	Gosse, Rinnstein
waggele	wackeln, watscheln	**Üvverjang**	Übergang, Zebrastreif.
sisch zåue	sich beeilen	**Senk**	Senke, Abfluß

Wichtig: Der Name der Fußgängerzone, Hohe Straße, wird behandelt, als wäre er ein Wort. Man betont auf "Hohe" und verändert dieses Wort NIE! Auch auf Hochdeutsch heißt es "auf der Hohe Straße". Wenn jemand sagt "auf der Hohen Straße", fällt er sofort auf. Dasselbe gilt für die Breite Straße und den Alter Markt. Sagen Sie niemals "auf dem Alten Markt". Richtig ist: "Auf dem Alter Markt" - wieder vorne betont, auf "Alter".

Isch will nåh'm Rinkepåhl. Kütt mer vun hee jot ze Foß dåhin?
Ich will zum Rinkenpfuhl. Kommt man von hier gut zu Fuß dahin?

Kammer dat och låufe?
Kann-man das auch laufen?

Dat jå. Ävver isch weiß nit, wielang mer då op Jück iss.
Das ja. Aber ich weiß nicht, wielange man da unterwegs ist.

Wie kütt mer dann et bess nåh'm Bahnef?
Wie kommt man denn am besten nach-dem Bahnhof?

Då jeiste hee de Schilderjass erunger un dann lans de Huh Stråß.
Da gehste hier die Schildergase runter und dann entlang der Hohe Straße.

Iss et noch wigg nåh der Wiggejass?
Ist es noch weit nach der Weidengasse?

Wann Er nåh'm Råthuus wullt, mœt Ehr eesch üvver der Alder Maat.
Wenn Ihr nach-dem Rathaus wollt, müßt Ihr erst über den Alter Markt.

Mi'm Bus un mit der Stråßebahn

U-Bahn	Straßenbahn, unterirdisch; hängt oft lange im Tunnel fest oder kommt überhaupt nicht. Und wenn, dann drei Züge derselben Linie hintereinander; der erste zum Platzen voll, die anderen gähnend leer.
Stråßebahn	Straßenbahn, oberirdisch; steht selten im Stau, wenn sie nicht gerade wegen parkender Autos festhängt. Die Züge sind nur überfüllt, wenn sie an der Uni vorbeifahren. Die hat nämlich keinen Direktanschluß zum Hauptbahnhof. **Dat jiddet nur in Kölle!** (Das gibt-es nur in Köln!)
Bus	Automobilomnibus
Einzelkaat	Einzelfahrschein
Striefekaat	Streifenfahrschein
Åutomat, Kiss	Fahrkartenautomat
drücke	im Stempelautomaten entwerten
KVB	Kölner Verkehrsbetriebe

Isch mœt nåh'm Nüümaat, ävver wie kütt mer dann då jitz hin?
Ich müßte nach-dem Neumarkt, aber wie kommt man denn da jetzt hin?

Muß mer då ömsteije?
Muß man da umsteigen?

Kammer vun dä Haldestell och ze Foß wiggerjonn?
Kann-man von der Haltetelle auch zu Fuß weitergehen?

Künnt Er mer dat zeije, wo'sch ussteije muß?
Könnt Ihr mir das zeigen, wo ich aussteigen muß?

Kammer då noch op Zone K fahre, udder iss dat alt A?
Kann man da noch auf Zone K fahren, oder ist das schon A?

Wievill Striefjer muß mer dann då drücke?
Wieviel Streifchen muß man denn da drücken (=entwerten)?

Saat, künnt Er mer wahl jet Jeld för der Åutomat wääßele?
Sagt, könnt Ihr mir wohl etwas Geld für den Automaten wechseln?

Zu Bus- und Bahnfahrten fällt mir ein Gedicht ein, das ich als Kind schon auswendig kannte.

Mer sprisch hück off vum Nulltarif, doch hält die KVB sisch stief.
Man spricht heute oft vom Nulltarif, doch hält die KVB sich steif.

Im Jäjendeil, wie mallisch süht, hann die ens widder jrad erhüht.
Im Gegenteil, wie jeder sieht, haben die mal wiedr gerade erhöht.

Doch mansche, dä ze Kölle fäht, dä Nulltarif sisch selvs hee määt.
Doch mancher, der in Köln fährt, den Nulltarif sich selbst hier macht.

Indemm sing Kaat hä einfach fresch läät unjestempelt in de Täsch.
Indem seine Karte einfach frech legt ungestempelt in die Tasche.

Dä Nulltarif weed ävver düür, wann dann ens kütt 'ne Kuntrullür.
Der Nulltarif wird aber teuer, wenn dann man kommt ein Kontrolleur.

Weil dat mer bei die Kaat am Schluß noch sexisch Maak berappe muß.
Weil man zu der Karte am Schluß noch sechzig Mark bezahlen muß.

Doch neulisch feel e Weesch erinn. Et hat en jråue Kapp jesinn;
Doch neulich fiel ein Mädchen rein. Es hatte eine graue (Schaffner-) Mütze gesehen;

iss an die Stempeluhr jejück un hät sing Kaat noch flück jedrück.
ist an die Stempeluhr gegangen und hat seine Karte noch schnell entwertet.

Doch wie die "Kapp" kåm durch dir Dür, då wår dat jar kei Kuntrullür.
Doch als die Mütze kam durch die Tür, da war das gar kein Kontrolleur.

Dä Nulltarif, dä wår dåhin, nur weil sich dat ens hatt versinn.
Der Nulltarif, der war dahin, nur weil sich das (Mädchen) einmal hatte versehen.

En jolde Räjel für Lück, die mit der Strååßebahn fahre

Wann de mit der Bahn fähs, mußte immer dåmet reschne, dat die Bahn jenau *nåh* der letzte Müjelischkeit för Ömzesteije an ener einsame Haldestell stonnbliet un alle ussteije müsse. Dat jeit prinzipijell jäjen der Fahrplan un åhne dat einer zevür jet dåvun säät. Un wie fieser et Wedder iss, wie länger muß mer op de näxte Bahn waade.

Eine goldene Regel für Straßenbahnbenutzer

Rechne beim Bahnfahren immer damit, daß die Bahn genau *nach* der letzen Umsteigemöglichkeit endet - entgegen dem Fahrplan und ohne Vorankündigung -, und daß man auf die nächste Bahn umso länger warten muß, je ekelhafter das Wetter ist.

Mi'm Åuto

Ein paar Wörter rund ums Autofahren:

Åuto	Auto
Kiss	Kiste
Kaar	Karre
Pozijon stieve Ries (steifer Reis)	japanisches Auto
Brutkaaste (Brotkasten)	Renault 4
Schrotthåufe	Auto älterer Bauart
Lappe	Führerschein
stoche (heizen)	extrem schnell fahren
in de Iise steije	scharf bremsen
Knaller	Unfall
et hät jescheppert	es ist ein Unfall passiert
Låß jücke!	wie engl.: Come on!

Wo kammer dann hee parke?
Wo kann-man denn hier parken?

Parke kammer üvverall. Saat mer leever, wo mer noch fahre kann.
Parken kann-man überall. Sagt mir lieber, wo man noch fahren kann.

Kammer an dä Stell üvverhåup nåh links afbeeje?
Kann-man an der Stelle überhaupt nach links abbiegen?

Enää. Då mööt Er noch ene Kilometer wigger jraduss un dann ömdriehe.
Nein. Da müßt Ihr noch einen Kilometer weiter geradeaus und dann umdrehen.

Isch weiß jar nimmie, wo mer hee eintlisch sin.
Ich weiß gar nicht-mehr, wo wir hier eigentlich sind.

Isch hann misch im Tunnel am Håupbahnef verfrans.
Ich habe mich im Tunnel am Hauptbahnhof verfranst.

Wer noch nie im Köln war, weiß natürlich nichts über den Tunnel am Hauptbahnhof. Aber fahren Sie ruhig mal rein - und lassen Sie sich überraschen, wo Sie wieder rauskommen! Wenn Sie da rauskommen, wo Sie wirklich hinwollten, ist es entweder Zufall, oder Sie sind gar nicht von auswärts.

Isch weiß, wie mer dåhin kütt, ävver wie sull isch dat jitz beschrieve?
Ich weiß, wie man dahin kommt, aber wie soll ich das jetzt beschreiben?

Deit mer leid, isch bin vun Berschem. 'Sch kenn misch och nit us hee.
Tut mir leid, ich bin von Bergheim. Ich kenn mich auch nicht aus hier.

Då, wo fröher'ns die Weetschaff wår, då mœt Er rääts af.
Da, wo früher-mal die Wirtschaft war, da müßt Ihr rechts ab.

Ehz fahrt Er de Vringssträß lans un dann de vürletzte nåh lings.
Erst fahrt Ihr die Severinsstraße entlang und dann die vorletzte nach links.

Die letzten beiden Wegbeschreibungen sind natürlich ziemlich wertlos, aber trotzdem bekommt man solches oder ähnliches öfter zu hören. Der hilfsbereite Kölsche denkt eben nicht daran, daß der Ortsfremde nicht wissen kann, wo früher mal die Kneipe war. Und die Sache mit der "vorletzten Straße links" ist auch mit Vorsicht zu genießen. Erstens müßte der Ortsfremde dazu wissen, wo die letzte Straße links ist. Zweitens kommt es vor, daß irgendwelche Gängelchen, Schleichwege und sogar Einfahrten vom Einheimischen als Straßen mitgezählt werden, die der Auswärtige aber gar nicht als solche ansehen würde.

Dä Buurebellremmel fäht wahl söns nur mi'm Trecker der Driss us.
Der Bauerntölpel fährt wohl sonst nur mit-dem Traktor den Mist aus.
(Beliebte Schimpftirade über Fahrer von auswärts, die auf der sechsspurigen Nord-Süd-Fahrt aktive Maßnahmen zur Einrichtung einer verkehrsberuhigten Zone durchführen - sprich: mit Tempo 25 'rumtuckern.)

'Sch jläuven, mi Åuto hät jet an de Bremse.
Ich glaube, mein Auto hat was an den Bremsen.

Künnt Er mer ens hellefe, isch hann der Riefe kapott.
Könnt Ihr mir mal helfen, ich habe den Reifen kaputt.

Dä iss wie doll in de Iise jesteeje.
Der ist wie irre in die Eisen gestiegen.

Låß jücke, Jung! Udder willste hee Woozele schlonn?
Laß geh'n, Junge! Oder willst-du hier Wurzeln schlagen?

Nä, dä stoch jå wie ene Bestußte.
Nein, der heizt ja wie ein geistig-Minderbemittelter.

Wä hät dann dä Schrotthåufe hee hinjedrisse?
Wer hat denn den Schrotthaufen hier hingeschissen?
Wer hat denn das Auto hier so verkehrsbehindernd geparkt?

Misch hät ene LKW vun hinge jebütz.
Mich hat ein LKW von hinten geküßt.
Mir ist ein LKW hinten draufgefahren.

Dä hät si Åuto schrottjefahre.
Er hat sein Auto schrottgefahren.
Er hat sein Auto in einen Totalschaden verwandelt.

Köln steht ja sogar im Guiness-Buch der Rekorde. Es gibt nämlich keine Stadt in Deutschland, die mehr Ampeln pro Quadratkilometer hat als Kölle. Was nicht im Guiness-Buch steht: Es gibt auch keine andere Stadt, wo die Ampeln so bescheuert geschaltet sind.

In Kölle iss immer Stau, och wammer allein op der Stråß iss!!
In Köln ist immer Stau, auch wenn-man allein auf der Straße ist!!

Låt dä Ware leever stonn, åhne kutt Ehr flücker wigger.
Laßt den Wagen lieber stehen, ohne kommt Ihr schneller weiter.

Op zwei Räder

mi'm Ratt fahre	radeln
trampele	(in die Pedale) treten
Moffa (die!)	Mofa
Mopped	Moped, Mokick, Motorrad
Töfftöff	Mofa/Moped, u.U. mit Fehlzündungen

Mit der Tax

Als ehemaliger Kölner "Taxigeier zur Aushilfe" kann ich Ihnen bestätigen: Die Kölner Taxifahrer sprechen eine kölsche Geheimsprache. Wenn man mitten im Hochsommer Ausdrücke hört wie **Op der Ulrischsjass iss Jladdiis** (Auf der Ulrichsgasse ist Glatteis) oder auch **Hück iss de janze Stadt jebohnert** (Heute ist die ganze Stadt gebohnert), dann bedeutet das erste, daß es auf der Ulrichsgasse gute Gründe gibt, sich strikt an die geltenden Verkehrsvorschriften zu halten. Der zweite Spruch besagt, daß es in ganz Köln vor Radarfallen nur so wimmelt. Der Spruch **Op der Åutobahn nåh'm Eerpocht kammer düüre Bilder scheeße** (Auf der Autobahn zum Flughafen kann man teure Bilder schießen) ist sicherlich schon eher verständlich. Weitere wichtige Sätze:

Sidd Ehr esu jot un bringt Ehr misch nåh'm Håupbahnef.
Seit Ihr so gut und bringt mich nach dem Hauptbahnhof.
(Wichtig: *Håupbáhnef* wird auf dem a betont!!!)

Brink misch ens wohin, wo jitz noch jet loss iss.
Bringt mich mal wohin, wo jetzt noch etwas los ist.

Künnt Er misch då vürre op dä Eck erusslåße?
Könnt Ihr mich da vorn auf der Ecke herauslassen?

Fahrt jet wigger. Die bruche jå nit all sinn, dat isch mit der Tax kumm.
Fahrt etwas weiter. Die brauchen ja nicht alle sehen, daß ich mit der Taxe komme.
(Jaja, wie oft hab' ich das zu meiner Taxizeit gehört! Es ist offenbar so wichtig, daß es auch in einen Sprachführer gehört.)

Mer weed et immer schlääsch, wann Er esu in die Kurve brettere dot.
Mir wird es immer schlecht, wenn Ihr so in die Kurven brettern tut.

'Sch sitz alt ilf Stund om Bock un bin am jeiere.
Ich sitze schon 11 Stunden auf-dem Bock und bin am geiern.
(geiern = Taxi fahren / Der Stoßseufzer eines jeden Taxifahrers - auch wenn er eben erst angefangen hat. Dient zur Erlangung eines höheren Trinkgeldes.)

Kölsche Veedel un Nåhberkäffer

Ein **Veedel** (Viertel) ist nicht unbedingt ein Stadtteil. Ein Stadtteil kann auch mehrere **Veedel** haben, das gilt besonders für die Stadtmitte. **Nåhberkäffer** ist nicht direkt übersetzt, aber dafür angemessen - **wammer et us der kölsche Perspektiv beluure deit.** (Wenn-man es aus der kölschen Perspektive begucken tut). Denn wie schon erwähnt, gibt es auf der Welt zwei Arten von Ortschaften: **Kölle un de Käffer** (Köln und die Kuhdörfer; Einzahl: dat **Kaff)**

Köln selbst wird durch den Rhein zweigeteilt. Da die Stadtmitte linksrheinisch liegt, sieht man auf die rechtsrheinischen Stadtteile gern herunter und bezeichnet diese abwertend als **Schäl Sick** (blinde Seite). Die rechtsrheinischen Kölner rächen sich gern, indem sie die linke Seite als **Tünnes Sick** (Tünnes Seite) bezeichnen - das in Anlehnung an die beiden kölschen Witzfiguren Tünnes und Schäl (siehe auch Theater-Kapitel).

einige Stadtteile linksrheinisch		rechtsrheinisch	
Kölsch	Deutsch	**Kölsch**	Deutsch
Ihrefeld	Ehrenfeld	**Düx**	Deutz
Lingedaal	Lindenthal	**Kallek**	Kalk
Nippes	Nippes	**Müllem**	Mülheim
Rudekirsche	Rodenkirchen	**Pochz**	Porz
Wieß	Weiß		
Wigge	Weiden		
Worringe	Worringen		
Zollstock	Zollstock		

Damit die Übersicht noch besser wird: Auf der Karte finden Sie alles Wichtige - **Kölle un Käffer.**

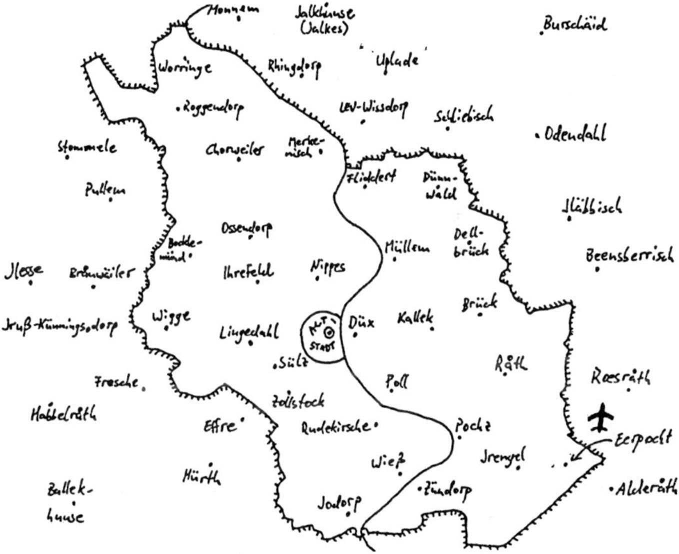

Åutonummere un wat se bedügge

Kennzeichen verraten viel über Fahreigenschaften. Sie vermitteln neben der offiziellen Bedeutung noch eine *verschlüsselte Geheimbotschaft (VGB)*. Dies gilt besonders für Kennzeichen aus der Region, aber auch für solche von JWD (**janz wigg drusse**):

Kennz.	offiziell	VGB
GL	Berg. Gladbach	Gefahr lauert, Gesetzloser
SU	Siegburg	Sau unterwegs, Suche Unfall
BM	Bergheim	Bauernmetropole, Bereifter Mörder
LEV	Leverkusen	Lahme-Enten-Verein
D	Düsseldorf	Dussel
BIT	Bitburg	Bin im Tran
WHV	Wilhelmshaven	Wir haben Vorfahrt
SÜW	Südl. Weinstraße	Sie üben wieder

Gerechterweise muß gesagt werden, daß die GL-Fahrer selbst ihr Kennzeichen deuten als "Gottes Lieblinge" oder "genialer Lenker". Und nur mit dem Leverkusener Kennzeichen kann man Platt schreiben: LEV-NJ (sprich **Leeven Jott**) = "Lieber Gott".

Kölsche Klüngel

Der kölsche **Klüngel** (Vetternwirtschaft) soll ja gar nicht *soooo* typisch kölsch sein - heißt es. Aber wer bei Behörden, Ämtern u.ä. etwas erreichen will -egal ob als Kunde oder Beschäftigter- kommt durch Klüngel weiter. Wenn man weiß, daß jemand einen kennt, der wiederum einen gaaanz wichtigen Typen aus einer gaaanz wichtigen Abteilung kennt, hat man vielleicht einen Trumpf im Ärmel. Genau gesagt: Noch hat ihn der andere im Ärmel, aber vielleicht kann man ihm diesen Trumpf ja abluchsen. Sätze wie der folgende können manche Tür öffnen:

Saat ens, Ehr kennt doch då dä Schmitz us em sipte Stock. Mit demm jåht Ehr doch öftesch ens eine drinke. Meint Ehr, dä künnt jet för misch zewääsch bringe, wann Ehr dä fråcht?
Sagt mal, Ihr kennt doch da den Schmitz aus dem siebten Stock. Mit dem geht Ihr doch öfters mal einen trinken. Meint Ihr, der könnte was für mich erreichen, wenn Ihr ihn fragt?

Dat iss alt jot jeklüngelt. (Das ist schon gut gevetternwirtschaftet.) Wenn sich der Gesprächspartner aber sträubt, dann muß man einen Schritt weitergehen. Beispiel:

Isch hann jehoot, demm Herr Odendaal sing Sekretöös, die kennt Ehr och jot. Wäjen dä dot Ehr doch luuter ens Üvverstunde maache. Weiß Ühr Fråu dat eintlisch?
Ich habe gehört, Ihr kennt auch gut dem Herrn Odendahl seine Sekretärin. Wegen der tut Ihr doch immer mal Überstunden machen. Weiß Eure Frau das eigentlich?

Mer welle jå hee keine Klüngelkurses maache, ävver prinzipijell iss et doch wahl alt klår gewoode, wa?
Wir wollen ja hier keinen Klüngelkursus machen, aber prinzipiell ist es doch wohl schon klar geworden, was?

Köbesse

Köbes (Jakobus)	Polizist (auch: Kellner)
Schmier	Polizeikontrolle
Knöllsche	Strafzettel
Knoll	besonders teurer Strafzettel
blåse	sich einer Alkoholkontrolle unterziehen
der Lappe quittwääde	den Führerschein verlieren
mitnemme	auch: verhaften
Båu	Justizvollzugsanstalt
Klingelpütz	Gefängnis in der Nordstadt
Prengel	Schlagstock, Knüppel

Hä hät e Knöllsche jekrääje.
Er hat einen Strafzettel bekommen.

Isch kåm unger der Vringsbrück in de Schmier un måt blåse.
Ich kam unter der Severinsbrücke in die Polizeikontrolle und mußte blasen.

Hä måt en Woch in der Klingelpütz.
Er mußte eine Woche lang in die Justizvollzugsanstalt in der Nordstadt.

Kölle Alaaf – De fünnefte Jåhreszick

Jeck låß Jeck elans (Narr, laß Narr vorbei)
Das ist eine alte Karnevalistenlosung oder, neuzeitlich ausgedrückt, eine Art Paßwort. Damit gibt man sich anderen Jecken gegenüber als Gleichgesinnter zu erkennen. Das kann wichtig sein, wenn man bei einer geschlossenen Karnevalsgesellschaft vielleicht doch noch rein möchte.

Wieverfastelåvend	Weiberfastnacht
Rusemåndaach	Rosenmontag
Fastelåvend/Fasteleer	Karneval, speziell Karnevalsdienstag
Sessijon	Karnevalsperiode, Saison, Session
Kajee	K.G. (=Karnevalsgesellschaft)
Ilfte im Ilfte	11.11. (=Karnevalsanfang)
Ilverråt	Elferrat
Alaaf/Ajuja	(Schlachtruf zu Karneval)
jeck	ausgeflippt, verrückt, durchgedreht, irre
dä Jeck	jecke Person
Fastelåvendsjeck	Karnevalsjeck
Kamelle	(zu Karneval meist matschige) Bonbons
Fastelåvendsmütz	Narrenkappe
Funkemariesche	Angehörige einer karnevalistischen Frauentanzgruppe

Karneval - die fünfte Jahreszeit. Daß die in Köln natürlich etwas ganz Wichtiges und Wesentliches ist, dürfte über Deutschland hinaus bekannt sein. Die Karnevalssession beginnt jedes Jahr am 11.11. und dauert bis Aschermittwoch des folgenden Jahres, wonach die Fastenzeit beginnt. Das kölsche Fasten sieht dann so aus: Man trinkt überhaupt kein Kölsch mehr - naja gut, 30 Stück pro Abend sind erlaubt, aber sonst sind es viel mehr, 35 oder so. Rauchen unterbleibt auch - naja gut, drei Schächtelchen pro Tag sind ja wohl noch okay, bei sonst vier Schachteln. Und gegessen wird sowieso nicht mehr - naja gut, zumindest schneidet man beim dritten Schnitzel das Fett ein bißchen ab, und beim Pudding nimmt man sich auch nur noch zweimal nach.

Aber vor der Fastenzeit, beim Karneval, da geht's so richtig ab. Die Karnevalssitten, Verkleidung und so, sollen uralt sein und z.T. vorchristliche Ursprünge haben. Um die Jahrhundertwende herum war das Verkleiden z.T. aus Sicherheitsgründen verboten (vgl. heutiges Vermummungsverbot), aber die Kölschen wären keine Kölschen, wenn sie sich daran gehalten hätten.

Und überhaupt: Die närrische Woche geht ja schon am Donnerstag vor Aschermittwoch los - mit **Wieverfastelåvend**. Die wurde um 1830 herum so richtig modern, und schon damals hatten die "Herren der Schöpfung" an diesem Tag nicht allzuviel zu lachen. Die Frauen und **Mädscher** flippten selbst damals schon tierisch aus (auch wenn es diesen Ausdruck da noch nicht gab) und machten der männerdominierten Gesellschaft zumindest einen Tag lang den Garaus. Bis heute hat sich der Brauch bewahrt, Männern den Schlips abzuschneiden - eine symbolische Kastration. An **Wieverfastelåvend** lohnt sich auch ein Abstecher nach Bonn-Beuel, wo man uralte Bräuche ganz bewußt am Leben erhält.

Zur Vorkarnevalszeit gehören zahllose Sitzungen - wie die Prunksitzung und die Alternative dazu: die Stunksitzung. Auf Sitzungen wurde und wird z.T. auch die Obrigkeit 'runtergemacht. Das ist aus politischen Büttenreden bekannt, und die verschiedenen Garden, die die militärischen Kommandos chaotisch und im Zeitlupentempo ausführen, verhohnepiepeln preußisch-militärischen Drill. Vielleicht wünscht sich auch so mancher Wehrpflichtige, daß sein Vorgesetzter mal auf Platt brüllen würde **"Präsenteet de Knabüüß"** (Präsentiert das Gewehr), nach jedem Befehl höflich bitten würde **"Sidder su jot un doder dat!"** (Seit-Ihr so gut und tut-ihr das!) oder die Kompanie zum **Stippefüttsche**, einem Tanz, bei dem man in gehockter Stellung die Hinterteile (**Füttsche**) herausstreckt (**stippe**) und gegeneinander reibt, auffordert.

Zum Karneval selbst gehören viele Umzüge. Der **Rusemåndaachszuch** (Rosenmontagszug; "**Zuch**" mit kurzem u!) ist der bekannteste, aber ab Samstag gibt es bereits Umzüge in den verschiedenen Stadtvierteln, die **Veedelszüsch** (Viertelszüge). Deren Ankunft erkennt man mit geschlossenen Augen, denn jeder brüllt laut **De Zuch kütt**. Wie so ein Karnevalszug aussieht, sollte sich jeder am besten mal selbst ansehen. **Då sitz vill Arbeit drin!** Vom **Zuch** werden **Kamelle, Strüüßjer un hückzedaachs och Schwämmscher** (Bonbons, Blumensträuße und heutzutage auch Schwämme) geworfen. Wer das Gedränge beim Rosenmontagszug nicht mag, wird sich übrigens bei den Veedelszüsch wohler fühlen. Die sind weniger pompig aufgemacht, und es gibt auch nicht so viele Schnapsleichen.

Viele v.a. Norddeutsche sagen übrigens: "Karneval ist doch albern. Wir brauchen keine Stimmung auf Kommando, wir sind immer lustig!" Das ist bei den Kölschen genauso. Karneval ist eine alte Tradition, die als solche Spaß macht. Die Leute sind nicht ausgeflippt, weil sie das müssen, sondern weil ihnen Karneval wirklich Laune macht. In Kölle gibt es natürlich auch Karnevalsmuffel, und keiner wird gezwungen, bei dem ganzen **Tämtamtam** mitzumachen. Die "Stimmung auf Kommando" gibt es nicht. Was viel eher Anlaß zur Besorgnis gibt, ist der Alkoholkonsum, der z.T. finnische Ausmaße annimmt. Wer sich erst besinnungslos zusaufen muß, um in Stimmung zu kommen, ist für mich auch kein richtiger **Fastelåvendsjeck**.

Nachdem die ersten Schnapsleichen dann wieder aus dem Koma erwacht sind und die echten Jecken immer noch Spaß haben, naht der **Äschermittwoch**, an dem ja bekanntlich alles vorbei ist. In der Nacht zum Aschermittwoch wird vielerorts noch der **Nubbel** verbrannt. Am Ende von Karneval und manchmal sogar zum Abschluß von Kirmesfeiern wird die närrische Zeit symbolisch in Form einer lebensgroßen Strohpuppe verbrannt. Der Name **Nubbel** ist ein Phantasiename, den man auch in Redewendungen hört:

Wä hät die Zeidung då fottjenumme? - Der Nubbel!
Wer hat die Zeitung da fortgenommen? - Der Nubbel.
Wer hat die Zeitung da weggenommen? - Keine Ahnung.

Klaafe, kalle, schwaade, bubbele

Bevor die Redewendungen zur kölschen Redekultur kommen, hier erstmal ein kurzes aber wichtiges (Un-)Wort, das man unbedingt kennen und möglichst oft benutzen sollte: **NE!** Mit diesem "Wort" kann man alle möglichen Sätze beenden, und es entspricht dem süddeutschen "Gell" und dem in Nordrhein-Westfalen auch recht verbreiteten "Woll". (Benutzen Sie das übrigens NIEMALS in Köln!! Sonst erlangen Sie mindestens das Ansehen eines Marsmenschen - oder noch exotischer.) Man beendet Sätze manchmal auch mit **wa**, aber das ist längst nicht so üblich wie in Berlin oder Aachen.

Ein schwedisches Sprichwort sagt "Älskade barn har många namn" - "Geliebte Kinder haben viele Namen". Die Kölschen reden gern und viel, und darum gibt es auch viele Wörter für diese Lieblingsbeschäftigung. **Klaafe** bezeichnet das gemütliche Schwätzchen-Halten, das man v.a. weiblichen Personen nachsagt. **Ävver och Kääslück künne klaafe wie ene Wasserfall!** (Aber auch Kerlsleute können schwätzen wie ein Wasserfall). Als zweite Bedeutung kann **klaafe** übrigens auch "verraten, petzen" heißen. **Schwaade** ist ein nicht enden wollendes Schwätzen. **Bubbele** sagt man besonders, wenn man schnelles, sprudelndes Sprechen beschreiben will. Aber auch die unbeholfene Aussprache von Kleinkindern ist **bubbele**. Das neutralste Wort ist **kalle**. Es bedeutet einfach "sprechen". Das "hochdeutsche" Wort **spresche** ist mittlerweile auch ins Kölsche voll integriert.

Dunn doch nit immer dåzwische bubbele.
Tu doch nicht immer dazwischen blubbern.

Mer kann nit alles jläuve, wat de Lück bubbele.
Man kann nicht alles glauben, was die Leute blubbern.

Schwaad, wie der de Muul jewaaße is!
Rede, wie dir die(!) Maul gewachsen ist! (auch: Sprich Platt!)

Nix schöner wie mit einem e bißje ze kalle!
Nichts (ist) schöner als sich mit jemandem ein bißchen zu unterhalten.

Kumm ens erömm, dann künne mer lecker ene Kall halde.
Komm mal vorbei, dann können wir gemütlich ein Schwätzchen halten.

Dat iss der janze Kall nit wäät.
Das ist das ganze Reden/Gerede nicht wert.

För demm singe Verzell dunn isch nix jevve.
Um dessen Gerede gebe ich nichts.

Nä, verzell nix!
Nein, erzähl nichts! (=keine Märchen)

Die Kölsche dunn jään klaafe.
Die Kölschen tun gern schwätzen.

Dat iss an einem Stück am klaafe.
Die ist an einem Stück (=fortwährend) am schwätzen.

Verzell mer doch keine Kappes!
Erzähl mir doch keinen Kohl!

Hür doch op, ahl Ääze opzewärme.
Hör doch auf, alte Erbsen (=alte Geschichten) aufzuwärmen.

Dat iss en Bubbel-Elster.
Das ist eine Schwatz-Elster.

Demm jeit de Muul wie en Entefutt.
Dem geht die (=das) Maul wie ein Entenpopo.

Dä hät der Herrjott op de Lippe un der Deuvel im Hätze.
Der hat den Herrgot auf den Lippen und den Teufel im Herzen.

Müffele un süffele

Eine Menge über diese zweite Lieblingsbeschäftigung der Kölschen steht auch im Kapitel über Kneipen. Hier erstmal das (Lebens-)Wichtigste:

Hämmsche mit suure Kappes (Hinterschinken mit Sauerkraut)
Dat iss uns Nummer eins!

Suurbråde (Sauerbraten)
Dat iss uns Nummer zwei!

Himmel un Ääd (Himmel und Erde)
Dat iss us Äppele un Äädäppele zesammejemölsch, dåbei jiddet jebråde Flönz un Levverwoosch.
(Äpfel und Kartoffeln vermengt, dazu gebratene Blutwurst und Leberwurst)

Münnisch un Bejing (Mönch und Ordensschwester)
Dat iss janz eifach en Botteram mit ungen ener Schiev Schwatzbrut un bovven ener Schiev Wießbrut. (Butterbrot mit einer Scheibe Schwarzbrot unten und einer Scheibe Weißbrot oben.)

Flönz / Blotwoosch (Blutwurst)
Fröhter wåre alle Wooschenkscher "Flönz", ävver hück säät mer dat för Blotwoosch. (Früher waren alle Wurstendchen "Flönz", aber heute sagt man das statt Blutwurst.")

Röggelsche (Roggenbrötchen oder einfach nur Brötchen)
Nää, wat kammer då all dropdunn...!
(Nein, was kann man da alles drauftun...!)

Rusingeplatz (Süßbrot/Stuten mit Rosinen)
Bah, iss dat lecker! Un wammer de Butter fingerdick dådrop strisch, dann künnt isch misch drinsetze!
(Oh, ist das lecker! Und wenn man die Butter fingerdick darauf streicht, dann könnt' ich mich darein-setzen!)

Halve Hahn (Brötchen mit Käse)
Enää, dat iss kei hallev Hähnsche, dat iss e Röggelsche mit Kies!
(Nein, das ist kein halbes Hähnchen, das ist ein Brötchen mit Käse!)

Wegen dieses (gewollten) Mißverständnisses hat folgende Konversation schon oft stattgefunden - wenn auch selten auf kölsch:

Wat? Koss ene halve Hahn nur zwei Marrek? Wie kütt dat dann?
Was? Kostet ein halber Hahn nur zwei Mark? Wie kommt das denn?

Och, waat eesch-ens af, dat sullt Ehr noch sinn!
Ach, wartet erstmal ab, das sollt Ihr noch sehen!

Wenn man dann irgendwann seinen "halve Hahn" gegessen und sich womöglich dran verschluckt hat, sagt man:

Isch hann ene Jrümmel in der Trœt.
Ich habe einen Krümel in der Trompete.

Wenn bei dem anschließenden Hustenanfall "Land mitkommt", nennt man das **kölsche**. Also nicht verwechseln: Wenn jemand sagt **"Hä hät jekölsch"**, dann heißt das nicht, daß er kölsch gesprochen hat, sondern daß er teilweise auswerfend gehustet hat - **nur kotze iss schöner!**

Käue un Däue hält der Minsch am Levve.
Kauen und Drücken (=Verdauen) hält den Menschen am Leben-

Wann de Äädäppel fuul sin, schmeck et janze Esse nit.
Wenn die Erdäpfel (Kartoffeln) faul sind, schmeckt das ganze Essen nicht.

Wat in der Woosch iss, weiß usser dem Metzjer nur noch de Herrjott.
Was in der Wurst ist, weiß außer dem Metzger nur noch der Herrgott.

Die Birr kammer nimmie esse. Die iss alt fukackisch!
Die Birne kann man nicht mehr essen. Die ist schon angefault.

Da **fukackije Birre** (angefaulte Birnen) eine ganz spezielle Farbe haben, wird das Wort "fukackisch" auch für diese Farbe benutzt: **Dat Panz hät fukackisch Håår.** (Das Kind hat rot-blonde Haare.) Wegen der Doppelbedeutung ist das jedoch nicht gerade ein Kompliment.

Alte kölsche Lebensweisheit:
Ne fuulen Appel stisch dä andere aan. Bei Birre un Prumme iss dat och esu. Woför sullt dat bei Minsche andersch sin?
Ein fauler Apfel steckt den anderen an. Bei Birnen und Pflaumen ist das auch so. Warum sollte das bei Menschen anders sein?

"Guten Appetit!/Danke gleichfalls!" läuft auf Kölsch so:

Låß et der schmecke. - Och esu!
Låseter schmeckkke. - Orresu!
Laß es dir schmecken. - Auch so!

Beim Backes

Un Ehr?
Und (was bekommt) Ihr?

'Sch krijjen fünnef Röggelscher un e Pund Rusingeplatz.
Ich kriege fünf Roggenbrötchen und ½ Kilo Rosinenstuten.

Söns no'jet?
(Darf es) sonst noch-etwas (sein)?

Ene Bobbes un e Schockokrosong.
Ein Stück Blätterteiggebäck und ein Schokocroissant.

Un noch?
Und (was darf es sonst) noch (sein)?

Ene Ami dann noch.
Einen Amerikaner dann noch.

Deit mer leid, et jidder keine mie.
Tut mir leid, es gibt-ihrer keine mehr.

Dann wår et dat.
Dann war es das.

Dä!
Bitte, hier haben Sie Ihre Ware!

In der Vorweihnachtszeit ist auch der **Weggemann** (Weckmann - für unsere westfälischen Mitbürger: Stutenkerl) sehr beliebt:

Ne Weggemann, dat es lecker Platz, zwei Rusinge un en Pief.
Ein Weckmann, das ist leckerer Stuten, zwei Rosinen und eine Pfeife.

Pisse, drieße, futze, rülpse

Die Konsequenzen der Nahrungsaufnahme hängen natürlich von der Art der Nahrung ab. Wenn man **Öljelscher** (Zwiebelchen) gegessen hat, dann Pfffrst Mahlzeit!

Œtsche	Örtchen	**Klösche**	Klo
Pott	Topf	**Pissewaar**	Pissoir
Hoff	Toilette	**Mistepohl**	Jauchegrube
Aftritt	Toilette	**Drießhuus**	Scheißhaus

öm de Eck müsse	um die Ecke müssen
pisse	pissen
si Kölsch fottbringe	sein Bier fortbringen
jet maache / jet quittwääde	etwas machen / etwas loswerden
Piss / Seisch	Pisse
drieße / kacke	scheißen / kacken
Häufje maache	ein Häufchen machen
Driss	Scheiße
Flücke	Durchfall (Flotter)
jlöhndijen Driss	Durchfall (glühende Scheiße)
futze / scheeße	furzen / vehement furzen (schießen)

Die Redewendung **en Stang Wasser in de Eck stelle** erklärt sich wohl von selbst. Bei extremem Durchfall **deit mer drieße, dat et rappelt un dämp** (tut man scheißen, daß es rappelt und dampft).

Eventuelle Rückstände in der Kloschüssel kann man mit dem Zitat **Dicke Driss om Åutoriefe jitt beim Bremse lang brung Striefe** (Dicke Scheiße auf-dem Autoreifen gibt beim Bremsen lange braune Streifen) kommentieren. Auch körperliche "Äußerungen" (**rülpse, futze**) rufen oft (Gegen-)Kommentare hervor:

Wä su kallt, dä lääv noch.
Wer so spricht, der lebt noch.

Besser in der wigge Welt wie in enem enge Buch.
Besser in der weiten Welt als in einem engen Bauch.

Dä hät sisch in't Jedärms jestoche.
Der hat sich ins Gedärm gestochen.

Wä Ääze iß, kütt aan et Kühme.
Wer Erbsen ißt, kommt ans Stöhnen.

Iß mer et Åvends e Öllischbrut, sin morjens im Zimmer de Fleeje dut.
Ißt man des Abends ein Zwiebelbrot, sind morgens im Zimmer die Fliegen tot.

Kacke un pisse kammer nit misse.
Kacken und pissen kann man nicht missen.

Wä jot Kies iß, kann jot fläute.
Wer viel Käse ißt, kann gut flöten.

Häste e Pützseil jedrisse?
Hast-du ein Brunnenseil geschissen?
(Sagt man zu einem Dauerhocker)

Musick, Weetschafte un wat mer söns esu bruch

Musick, Fähnsinn, Zeidunge

Kölsches Liedgut hat immer Konjunktur -
Tradition - Mundart-Bands - Kölsche Musik

Als erstes: Das Wort "Musik" wird auf kölsch vorne betont, und das i ist kurz. Was die kölsche Musikszene betrifft, gibt es sprachlich und musikalisch zwei Lager: Die traditionellen Musikgruppen, die sprachlich oft sehr puristisch sind, sowie Musikgruppen, die neue Musik machen, sprachlich aber meist ein Mischmasch aus Kölsch und hochdeutschem Slang **drophann** (draufhaben). Zu letzteren gehören besonders BAP und Brings, zu ersteren die frühen Bläck Fööß. Das, was heute aus den "Fööß" geworden ist, tendiert in die Richtung neuere Musik. Die Sprache ist aber weiterhin ein gepflegtes Kölsch. Übrigens: "Bläck Fööß" heißt nicht schwarze Füße, sondern blanke Füße. Mit blanken Füßen wiederum sind nicht saubere, sondern unbekleidete Füße gemeint. Was die traditionelle kölsche Musik anbelangt, sollten einem die Lieder von Willy Ostermann und Jupp Schmitz ein Begriff sein. Die Unmassen von Liedern, die aus deren Federn stammen, werden heute oft als Karnevals- und Humtata-Lieder mißverstanden - oder soll man sogar sagen mißbraucht?

Trumm	Trommel, Pauke
Trœt / Fläut	Blechblasinstrument / Flöte
Jittar (vorne betont)	Gitarre
Quetschebüggel	Akkordeon, Bandoneon
trœte	ein Blechblasinstrument spielen
fläute / klimpere	flöten, Flöte spielen / Klavier spielen
piefe / singe	pfeifen / singen
Musick maache	musizieren

Plaat / CD	Platte / CD
Kasettekiss	Cassettenrecorder
Radio / Dudelkiss	Radio
Zeidung	Zeitung aus Köln
Drissblatt	Zeitung von Auswärts (=Scheißblatt)
Fähnsinn / Kiss	Fernsehen / Fernseher
Fiddijo	Videorecorder oder -film
Wallrafplaaz	dort liegen die WDR-Hörfunkstudios
Bocklemünd	dort liegen die WDR-Fernsehstudios
Ossendörp	dort liegen die Filmstudios der Privatsender
WDR	Westdeutscher Rundfunk
Prifatsender	Privatsender
Är-Te-Älll/ Fox/ Fifa	RTL / VOX / VIVA
Radio Kölle	Radio Köln

Thiater

Üvver Thiater ze schrieve iss wie de Foderkaat ze esse. Wammer nit sellevs ens dåjewäse's, dann hät mer då winnisch vun. Deswäje nur e paar Tips för alle, die ens jet op Platt hüre welle: Beim Millewitsch hatt er alt janz jot Schangse. Dä's op der Öscher Stråß stadtuswääts. Dann jiddet et Hännesjethiater, dat hammer am Heumaat; muß mer eckesch de Schildere nåhjonn. Im Hännesjethiater, då kammer Puppespillscher im allerdeefste Platt aanluure. Unger anderem spille då och Tünnes un Schäl mit, vun denne't in der Stadt en janze Hääd Krätzjer jitt. Un dann kammer och immer ens öm de Zülpijer Stråß eröm nåhluure, weil då jiddet och e janz Deil klein Thiatere, wo och immer widder ens jet op kölsch kütt.

Über Theater zu schreiben ist wie die Speisekarte zu essen. Wenn man nicht selbst mal dagewesen ist, dann hat man wenig davon. Deswegen nur ein paar Tips für alle, die mal was auf Platt hören wollen: Beim Millowitsch habt ihr schon ganz gute Chancen. Der ist auf der Aachener Straße stadtauswärts. Dann gibt's das Hännesjetheater, das haben-wir am Heumarkt; (da) muß man nur den Schildern nachgehen. Im Hännesjetheater, da kann-man Puppenspiele im allertiefsten Platt ansehen. Unter anderem spielen da auch Tünnes un Schäl (=Anton und Blind) mit, von denen es in der Stadt eine ganze Herde (=Menge) Witze gibt. Und dann kann-man auch immer mal um die Zülpicher Straße herum nachschauen, denn da gibt's auch ein ganz Teil kleiner Theater, wo auch immer wieder mal was auf kölsch kommt.

Weetschafte un esu

Ein Vorwort zum Bier (für mich als Bierhasser gar nicht so leicht!): Das Wort "Bier" ist in Köln unnötig und kommt deshalb auf kölsch nicht vor. Man sagt "Kölsch", denn alles was kein "Kölsch" (=Obergäriges) ist, ist auch kein Bier. Das Allerschlimmste: Altbier. Jenes ist in Düsseldorf besonders beliebt und macht der (kölschen) Sage nach blöd.

Hä iss ens widder stäänejranatezojesoffe nåh Huss jekumme.
Er ist mal wieder sternengranatenzugesoffen nach Hause gekommen.

Köbes, dot Ehr mer noch e Kölsch?
Ober, tut (=gebt) Ihr mir noch ein Kölsch?

Enää, dat iss kei Riajenzjlas, då dummer uns Kölsch druss drinke.
Nein, das ist kein Reagenzglas, da tun wir unser Kölsch draus trinken.

För misch nur e Wässersche. 'Sch muß no' fahre.
Für mich nur ein Mineralwasser. Ich muß noch fahren.

Drink doch eine mit!
Trink doch einen mit! (Beliebte Einladungsfloskel)

Isch däät leever ene Wing drinke.
Ich täte (=würde) lieber einen Wein drinken.

Ååch nää, jitz iss mer der Stoppe in de Fläsch jejitsch!
Aaach nein, jetzt ist mir der Korken in die Flasche geflutscht.

Enää, do ahl Schabåusühl kriss jitz nix mie!
Nein, du alte Schnapseule kriegst jetzt nichts mehr!

Hür op, do Senk. Do häss alt mie wie jenooch.
Hör auf, du Senke. Du hast schon mehr als genug.

Nu drinken isch nix mie, un wann et Engelschespiß wœr.
Jetzt trinke ich nichts mehr, und wenn es Engelchenpisse wäre.

Wo kammer dann hee ens jet losswääde?
Wo kann man denn hier mal was loswerden (=urinieren?)

Kutt er hück Åvend mit in de Altstadt?
Kommt ihr heute Abend mit in die Altstadt?

Wat iss dann då jebacke?
Was ist den da gebacken (=los)?

Hee's nix loss. Kumm, lommer woanders hinjonn.
Hier ist nichts los. Komm, laß-wir (=laß uns) woanders hingehen.

Isch krisch en Fritte rut-wieß.
Ich krieg' 'ne Pommes mit Ketchup und Mayo.

Das Wort "Pommes" versteht man auch im Rheinland, aber "Fritten" ist viel gebräuchlicher.

En Bockwoosch mit Äädäppelsschlåt un vill Mostert.
Eine Bockwurt mit Erdäpfelssalat (=Kartoffelsalat) und viel Senf.

Kannste mer ens dä Äschebescher / dat Aschloch erüvverdunn?
Kannst-du mir mal den Aschenbecher / das Aschloch herübertun?

Kann isch mer noch en Zerett vun der liene/schnorre?
Kann ich mir noch eine Zigarette von dir leihen/schnorren?

Relijon

Nachdem Köln traditionell fest in katholischer Hand war, ist mittlerweile -auch durch Zuwanderung von JWD (**usswääts**)- die Mehrheit protestantisch. Auch wenn mancher Kölsche die Protestanten als "Ketzer" bezeichnet, **maat üsch nix druss. Da's nit esu äänz jemeint.** (Macht euch nichts draus. Das ist nicht so ernst gemeint). Für Religionskriege hat der Kölsche nicht viel übrig. Und die folgenden Sprüche zeugen von einer kölschen Religiosität, die kritisch blieb und bleibt. So wurde das Wort eines Geistlichen nicht immer für voll genommen, besonders, wenn ein besonders feister Pater Verzicht und Enthaltsamkeit predigte, was man ja heute eher von Politikern kennt. Und wenn dem Geistlichen gar kein Argument mehr einfiel, zitierte er Gott selbst, und mit dem konnte man letztlich alles begründen. Politiker bedienen sich heute der "Sachzwänge".

Sull der Herrjott Säje jevve, mußte nåh singem Wille levve.
Soll der Herrgott Segen geben, mußt-du nach seinem Willen leben.

Jotts Barmhätzischkeit un Paafe Bejeerlischkeit doore in alle Iwichkeit.
Gottes Barmherzigkeit und (der) Pfaffen Begehrlichkeit dauern in alle Ewigkeit.

Mi'm Herrjott stonn isch misch jot,
ävver mit demm Foßvolk hann isch nix an der Jäng.
Mit dem Herrgott stehe ich mich gut,
aber mit dem Fußvolk habe ich nichts zu schaffen.

Nä, wat is dat schön, wann de Dicke Pitter lügg!
Nein, was ist das schön, wenn der Dicke Peter
(=größte Glocke im Dom) leutet!

Frauen, die sich religiös geben, es aber eigentlich faustdick hinter den Ohren haben, nennt man auf kölsch **Quisel** (mit kurzem i).

Wo en Quisel im Huus iss, då iss och der Deuvel.
Wo ein Quisel im Haus ist, da ist auch der Teufel.

Die Quisel iss esu fromm, die piss sujar Weihwasser.
Die Quisel ist so fromm, die pißt sogar Weihwasser.

Die Größe des Kölner Doms verleitet natürlich zum Prahlen - besonders vor Auswärtigen (**Buure**).

Dä Dom, dä iss esu jroß un staaz,
då dunn se't Weihwasser mit der Moterspreuz verdeile.
Der Dom, der ist so groß und stattlich,
da tun sie das Weihwasser mit der Motorspritze verteilen.

Dazu paßt auch folgendes **Krätzje** (Witz, Anekdötchen):
Ein kölscher Taxifahrer fährt drei Leute aus verschiedenen Städten Deutschlands durch Köln. Alle drei prahlen mit ihrem Fleiß. "Also bei uns in Berlin, wa. Da is ja de Schwangere Auster einjestürzt, wa. Ham se in'n halbet Jahr wieder uffjebaut, wa." Der nächste sagt: "Jo mei. Bei uns in München håm's jå dåmåls für an gånzen Fernsehturm net länger braucht!" Der dritte sagt: "Nu, bei uns in Saggsn missnse ma guggn, wie schnell da drr Uffbau Ost geht. Unsrr Rathaus hammse in zwee Monadn dodal renoviert!" Gerade in dem Augenblick kommt der Kölner Dom ins Blickfeld. Alle staunen: "Jo mei, des is fei a scheene Kirchn!" - "Un jroß is die, wa!" - "Nu saachnse ma, was issn das für enne Kirrche, Sie?" - Da antwortet der Taxifahrer: **"Dat weiß isch nit. Die wår hück morje noch nit hee!"** (Das weiß ich nicht. Die war heute morgen noch nicht hier.)
Die Wahrheit ist: Am Kölner Dom wurde ca. 600 Jahre lang gebaut - mit langen Pausen dazwischen. Da waren wohl einige Generationen nicht so fleißig!

Jeld/Flocke/Nüssele/Kies/Flüh/Mücke

Jitz sull mer keine verzelle, dat dat Thema Jeld nit bei "Kultur" mit bei jehürt! In Kölle jehürt dat eindüggelisch mit dåbei!!
Jetzt soll mir keiner erzählen, daß das Thema Jeld nicht bei "Kultur" mit bei gehört! In Köln gehört das eindeutlich mit dabei!!

Obwohl auch in Köln die Deutsche Mark das einzige offizielle Zahlungsmittel ist, kursieren noch einige andere mehr oder weniger bekannte "Währungsbezeichnungen" in der Stadt. Am bekanntesten ist sicherlich **dä Jrosche**, das Zehnpfennigstück. Auch **dä Heiermann**, das Fünfmarkstück, ist überregional bekannt. Die Mark wird gern verkleinert:

Saach, häste vielleisch ens e Märkelsche för misch?
Sag, haste vielleicht ein Märkelchen für mich?

Die kupferfarbenen Ein- und Zweipfennigstücke werden wegen ihrer Farbe als **Füss**, Einzahl **Fuss** (Fuchs) bezeichnet:

Jank mer mit denne Füss fott, jesammlte Werke will isch kein hann!
Geh mir mit den Füchsen fort, gesammelte Werke will ich keine haben!

Da es keine Münzen zu 25 Pf mehr gibt, ist auch das Wort **Kaastemännsche** nur noch selten zu hören. Es lebt aber noch in übertragener Bedeutung:

Dat iss e janz ärmsillisch Kaastemännsche!
Das ist ein ganz armseliges 25-Pf-Stück!

Ein **Kaastemännsche** steht hier für einen Menschen mit wenig Geld.

Für die Geldscheine werden von jungen Leuten oft die hochdeutschen Slangwörter "Zwanni, Fuffi, Hunni, Tausi" übernommen.

Hür ens, kannste mer noch ens ene Hunni liene?
Hör mal, kannste mir noch-mal einen Hunni leihen?

Isch dunn der eckesch noch de Katz liene, die kütt vun selver widder.
Ich tu dir nur noch die Katze leihen, die kommt von selbst wieder.

Bah, wat biss do ene Kniesbüggel!
Pfui, was bist du ein Geizbeutel!

Hier eine kleine Auswahl weiterer Sprüche zum Thema Geld:

In leddije Schööre kumme kein Müüs.
In leere Scheunen kommen keine Mäuse.

Nix iss ärsch winnisch!
Nichts ist sehr wenig!

Butter bei de Fisch!
Jetzt ist Zeit, zu bezahlen.

Su jeit et off in der Welt: De ein hät der Büggel, de andere't Jeld.
Su geht es oft in der Welt: Der eine hat den Beutel, der andere-das Geld.

Mer kann keinem nackischte Mann in de Täsch kacke.
Man kann keinem nackten Mann in die Tasche kacken.

Dä Kniesbüggel jåv dem Fahrer afjezallt Jeld, keine Penning mie!
Der Geizbeutel gab dem Fahrer abgezähltes Geld, keinen Pfennig mehr!

Zählscher

Was macht man mit all dem schönen Geld, wenn man die Zahlen nicht kann!? Hier sind sie:

0	**null**	10	**zehn**	20	**zwanzisch**
1	**ein**	11	**ilf/illef**	30	**drissisch**
2	**zwei**	12	**zwüllef**	40	**veezisch**
3	**drei**	13	**drüxehn**	50	**fuffzisch**
4	**vier**	14	**veezehn**	60	**sexisch**
5	**fünnef**	15	**fuffzehn**	70	**sippsisch**
6	**sechs**	16	**sexehn**	80	**aachzisch**
7	**sibbe**	17	**sippsehn**	90	**nünxisch**
8	**aach**	18	**aachzehn**	100	**hundert**
9	**nüng**	19	**nünxehn**	1000	**dåusend/duusend**

Zahlen werden in der kölschen Aussprache ähnlich stark verschliffen wie auf hochdeutsch. 1980 klingt mitunter wie *nünxerdaachtsch.*

Die Form **duusend** klingt etwas ländlich, ist aber je nach Stadtteil auch in **Kölle** zu hören.

Die Ordnungszahlen bildet man im Prinzip wie auf hochdeutsch. Wichtig ist die Form "der erste". Das heißt auf kölsch entweder **de eeschte** oder auch **de eezte**. Beide Formen sind frei austauschbar.

Inkåufe

inkåufe	einkaufen
dursch de Läde jücke	durch die Läden ziehen
schopping jonn	shopping gehen
in de Rijale kråse	in den Regalen stöbern

Man sollte nicht fragen **Wie düür iss dat** (Wie teuer ist das), denn damit sagt man u.U., daß die Ware *zu* teuer ist. Ein Gespräch im Geschäft könnte sich so anhören:

Saat, wat koss dat dann hee?
Sagt, was kostet das denn hier?

Drüxehn Meter nüngensexisch.
Dreizehn Meter neunundsechzig.

Och, da's mer jet düür. Då nemmen isch dat andere hee.
Ach, das-ist mir etwas teuer. Da nehme ich das andere hier.

Jå, da's nur nüng nüngenünxisch.
Ja, das-ist nur neun neunundneunzig.

Ijå. Hee iss ene Zehner.
Ja. Hier ist ein Zehner.

Un ene Jlückspenning retuur, bitteschöööööön!
Und ein Glückspfennig Wechselgeld, bitteschööö.....n!

Jåu, beste Dank och. Tschööö!
Jau, besten Dank auch. Auf Wiedersehen!

Saat, isch kann hee dä Präislappe nit finge.
Sagt, ich kann hier das Preisschild nicht finden.
(Das liegt meist daran, daß tatsächlich keins da ist!)

Künnt Er mer dat op Sigg läje?
Könnt Ihr mir das auf Seite legen?

Ka'sch dä Zeddel hann?
Kann-ich den Kassenbon haben?

Kundenfreundlichkeit ist in diesem unserem Lande ja meist ein Fremdwort, und der Kunde ist alles andere als ein König. Wenn dann noch die **jradussene Aat** (direkte Art) des Rheinländers dazukommt, mag sich mancher auf den Schlips getreten fühlen. Aber es ist gar nicht so böse gemeint, wenn man um 18:15 Uhr einen Laden betritt und einen die Verkäuferin von hinten unsanft mit ihrem spitzen Finger auf die Schulter tippt und mit bestimmendem Tonfall sagt **"Nur dat Ehr et wißt: In fünnef Minutte maache mer hee zo, ne!"** (Nur daß Ihr es wißt: In 5 Minuten machen wir hier zu, ne!) Dann antwortet man am besten **'S jå jot! 'Sch bruchen och nur drei Minütscher."** (Ist ja gut. Ich brauche auch nur drei Minütchen) und läßt sich dann bis mindestens halb sieben Zeit.

Poss un Tellefon

Wo hammer dann et Håuppossamp?
Wo haben-wir denn das Hauptpostamt?

Dä Breef he sull nå Düsseldörp. Koss dat extra?
Der Brief hier soll nach D'dorf. Kostet das Zuschlag?

Dot hee dat Fommelar usfülle un stellt Üsch noch ens hingen aan.
Tut hier das Formular ausfüllen und stellt Euch nochmal hinten an.

Zum Thema Telefon: Das Wort wird vorne betont!! Also bitte nicht "Telefooon" sagen.

Wo hammer dann hee in der Nœh e Tellefonhüüsje?
Wo haben-wir denn hier in der Nähe eine Telefonzelle?

Kann isch hee'ns telfoneere?
Kann ich hier-mal telefonieren?

De kanns jå evvens durschlügge, wann de jot derheim aanjekumme biss.
Du kannst ja eben durchläuten, wenn du gut zu Hause angekommen bist.

Isch dunn nit jään mit der Quatschkiss schwaade.
Ich tu nicht gern mit der Quatschkiste reden.
Ich spreche nicht gern mit dem Anrufbeantworter.

Schmieß dat Dingen op der Müll!
Schmeiß das Ding auf den Müll!
(Ratschlag zu der Sorte Anrufbeantworter, die nach 5 Sekunden Sprechzeit einfach mittendrin abschaltet.)

Weiteres zum Thema siehe auch unter "Reden, Reden, Reden".

Zick

Die Einheiten (in Klammern sind die Mehrzahlformen angegeben):

Sekund (-e)	Sekunde	**Woch** (-e)	Woche
Minutt (-e)	Minute	**Månd** (-)	Monat
Stund (-)	Stunde	**Jåhr** (-)	Jahr
Daach (Dääsch)	Tag		

Die Tages- und Jahreszeiten

Morje	Morgen	**Nommedaach**	Nachmittag
Vümmedaach	Vormittag	**Åvend**	Abend
Middaach	Mittag	**Naach (Nääsch)**	Nacht
Fröhjåhr	Frühjahr	**Hervs**	Herbst
Summer	Sommer	**Winter**	Winter

Die Wochentage

Måndaach	Montag	**Friedaach**	Freitag
Dinnsdaach	Dienstag	**Sampsdaach**	Samstag
Mittwoch	Mittwoch	**Sunndaach**	Sonntag
Dunneschdaach	Donnerstag		

Die Monatsnamen

Heute werden fast nur noch die hochdeutschen Namen benutzt. Manche kölschen Originale kennen und benutzen aber die alten Namen noch heute.

Jannevaar, Hattmånd	**Juli, Julei, Rusemånd**
Februar, Dreckmånd, Spörkel	**Aujuß, Kochmånd**
Mäaz, Lenzmånd	**Zeptember, Scheidemånd**
April, Pooschmånd	**Oktober, Wingmånd**
Mai, Wunnemånd	**Nufember, Dudemånd**
Juni, Juno, Heumånd	**Dezember, Chrißmånd**

Ein paar Zeitangaben

jitz	jetzt	**hück**	heute
treck	direkt, sofort	**(vür)jester**	(vor)gestern
jlisch	gleich	**(üvver)morje**	(über)morgen
evve(n)	eben	**vür ener Zick**	vor kurzem
baal	bald	**zick drei Månd**	seit drei Monaten
alt	schon	**nåh zwei Stund**	nach zwei Stunden
no(ch) nit	noch nicht	**wie lang?**	wie lange?,
eesch/eez ens	erstmal		auch: seit wann?

Wie lang sin die dann alt fott?
Wie lange (=Seit wann) sind die denn schon weg?

Vorsicht mit dem Wort **Daach** (Tag): Die Mehrzahlform **Dääsch** benutzt man nur, wenn sonst nicht klar ist, daß man mehrere Tage meint:

Nää, wat hammer schön Dääsch jehatt!
Nein, wat haben-wir schöne Tage gehabt!

Sonst kommt die Einzahlform: **e paar Daach länger, noch drei Daach**

De Famillisch

Aus diesem Kapitel könnte man auch ein eigenes Buch machen. Aber wir wollen uns auf das Geläufigste beschränken. Männer nennt man nicht nur **Mann**, sondern auch **Kääl** (Kerl). Von seiner (langjährigen) Ehefrau wird der Mann auch **dä Ahl** (der Alte) genannt. **Dä Ahl** kann übrigens auch den Vater oder den Chef bezeichnen.

Frauen nennt man außer **Fråu** auch **Wiev** (Weib), das aber abwertend klingt. Eine ältere, unverheiratete Frau muß sich die Bezeichnung **Möhn** gefallen lassen. Von ihrem (langjährigen) Ehemann wird die Frau auch **die Ahl** (die Alte) genannt.

Ein Junge ist nicht nur **ene Jung**. **Ene Poosch** ist etwa 16-22 Jahre alt und kräftig gebaut. **Ene Fetz** ist höchstens ca. 14 und hat es faustdick hinter den Ohren.

Ein Mädchen ist **e Mädsche**. Meist meint man damit aber Mädchen zwischen 15 und 55. Wenn es sich um **e lecker Mädsche** handelt, ist es für Männer attraktiv. Eine jüngere Vertreterin nennt man eher **dat Weesch**.

Kinder im Allgemeinen nennt man **Pänz**. **Dat Panz** als Einzahl klingt aber etwas abwertend. **E Malörsche** (Unglückchen) ist ein ungeplantes, **e Äädenksche** (Erdentchen) ein kleingewachsenes, **e Quås** (Mehrzahl: **Quœster**) ein ungezogenes Kind. **E Blaach** ist ein nervendes Kind unter 10, **e Leefje** ein besonders wohlerzogenes Kind. Die übrigen ca. 600 Bezeichnungen für Kinder und Jugendliche entnehme man der einschlägigen Fachliteratur. (Ja, die gibt's wirklich!)

Zur Ausscheidungspraxis von Kleinkindern sagt man übrigens:

Wann klein Pänz op jroß Hüsjer jonn, falle se durch de Brill.
Wenn kleine Kinder auf große Häuser gehen, falle sie durch die Brille.

Dieser Ausspruch wird einem auch an den Kopf geschmissen, wenn man sich mal überschätzt hat und prompt auf die Schnauze gefallen ist. Aber weiter zu Familiärem:

Wenn eine Frau Katarina Müller einen kleinen Sohn namens Hans hat, wird dieser mitunter gefragt: **Bis do nit demm Schmitzens Tring singe Jung?** (Bist du nicht dem Schmitzens Katarina sein Junge?) Es ist völlig egal, daß die Katarina Schmitz längst verheiratet ist und schon seit Jahren Müller heißt. Für die Nachbarn wird sie immer **et Schmitzens Tring** bleiben. Das Kind wird das aber wohl doch nicht durchschauen und antworten: **Enää, isch bin de Müllers Schäng!** (Nein, ich bin der Müllers Hans.)

Zur Familienplanung: Wenn **ene staaze Kääl un e lecker Mädsche** (ein stattlicher Kerl und ein attraktives Mädchen) sich gefunden haben, gibt es erst eine Menge **Pusseerscher mit ener janze Hääd Bützjer** (Flirts mit einer ganzen Herde Küßchen). Und oft stöhnen beide ein verliebtes **Nää, wat hann ich dich jään!**, und man sagt sich romantische Liebesbeweise **in et Ührsche** (ins Öhrchen): **Åch Schatzemann, isch wullt, mer wœre zwei Jlöhwürmscher! - Ijå, mi Leefje, un für disch däät isch esujar dä jlöhndije Aasch in Kåuf nemme!** (Ach Schatz, ich wollte, wir wären zwei Glühwürmchen! - Ja, meine Liebste, und für dich täte ich sogar den glühenden Arsch in Kauf nehmen!) Wenn sich die Beziehung entwickelt hat, **dann weed vielleisch och jehieråt** (dann wird vielleicht auch geheiratet), und das geht auf dem Kölner Standesamt sogar auf kölsch!

Wenn aus der Heirat aber nichts wird, dann hört man seine "Freunde" bald tuscheln: **Dat kann sisch alt ens nåch enem Kloster ömluure.** (Die kann sich schon mal nach einem Kloster umsehen.) Wahrscheinlich sieht es aber doch nicht so düster aus, und **mer jeit jään in e Kloster, wo zweierlei Schohn ungerm Bett stonn.** (Man geht gern in ein Kloster, wo zweierlei Schuhe unterm Bett stehen). Nach langjähriger Ehe sagt ein Ehepartner vielleicht über den anderen: **Ene Engel bei de Andere un der Deuvel im Huus.** (Ein Engel bei den Anderen und der Teufel im Haus.)

Gewisse eheliche Zustände werden so kommentiert: **Ehr sidd wie zwei Aaschbacke. Bei jedem Driss jåht er usenander un sidd treck drop widder zesamme.** (Ihr seit wie zwei Arschbacken. Bei jedem Scheiß geht ihr auseinander und seit direkt darauf wieder zusammen.) Und wenn sie dann wieder zusammen sind, trifft dies sicher auch zu: **Die zwei sin sisch der janze Daach am knäbbele.** (Die sind sich den ganzen Tag am streiten.)

Mitminsche / mit Minsche

Daß der Kölsche gern zu jeder denkbaren Situation Kommentare abgibt, ist sicher schon klargeworden. Eine kleine Kommentarauswahl zum Thema Mitmenschen:

Die Klääνbutz künnt jå och ens opstonn för die ahl Fråu!
Die Klebehose könnte ja auch mal aufstehen für die alte Frau!
(**Klääνbutz**: Jemand, der nicht vom Stuhl aufsteht, somit auch Besuch, den man einfach nicht loswird.)

Dä hät Blei im Aasch.
Der hat Blei im Arsch. (Anderer Ausdruck für **Klääνbutz**)

Dä kann mi'm eine Åuch kriesche un mi'm andere laache.
Der kann mit dem einen Auge kreischen (=weinen)
und mit dem anderen lachen. (Stimmungswechsler)

Dä määt us jedem Futz ene Donnerschlaach.
Der macht aus jedem Furz einen Donnerschlag.
(Das mit der Mücke und dem Elefanten, nur viel schöner ausgedrückt.)

Woför muß do dann immer alles an de Domklock hange?
Warum mußt du denn immer alles an die Domglocke hängen?

Nää, dä hät Allöre...!
Nein, der hat Allüren...!

Jot Nåhbere sin mie wäät wie jot Jeld in der Kiss.
Gute Nachbarn sind mehr wert als viel Geld in der Kiste.

Jot Nåhbere bruche kein Heck.
Gute Nachbarn brauchen keine Hecke.

Lommer noch jet nåhbere jonn.
Laß-uns noch etwas nachbarn gehen (=zu Nachbarn)

Wat määste dann för e Leck-misch-am-Aasch-Jeseesch?
Was machst du denn für ein Leck-mich-am-Arsch-Gesicht?

Hä hät widder si Jeses-am-Krüx-Jeseesch opjesatz.
Er hat wieder sein Jesus-am-Kreuz-Gesicht aufgesetzt.
(Mensch, der auf die Mitleidstour macht)

Jung, setz disch doch ens in ming Sittewazijon!
Junge, versetz dich doch mal in meine Lage!

Hä stund wie ene Åß vürm Birsch, un isch kåm och nimmie mit.
Er stand wie ein Ochse vorm Berg, und ich kam auch nicht mehr mit. (Situation völliger Ratlosigkeit)

Jitz iss et ävver jot!
Jetzt reicht's aber!

Dat kann hä eckesch esu us der Lamäng!
Das kann er einfach so aus dem Effeff.

Dat steit mer bis bovve.
Das steht mir bis oben.

Esu'n Aaschkröffere kann isch nit ligge.
Solche Arschkriecher kann ich nicht leiden.

Dä drääsch demm Ahl der Aasch drieße.
Der trägt dem Alten den Arsch scheißen.
Der kriecht dem Chef in den Arsch.

De Lief un jet för Aanzetrecke

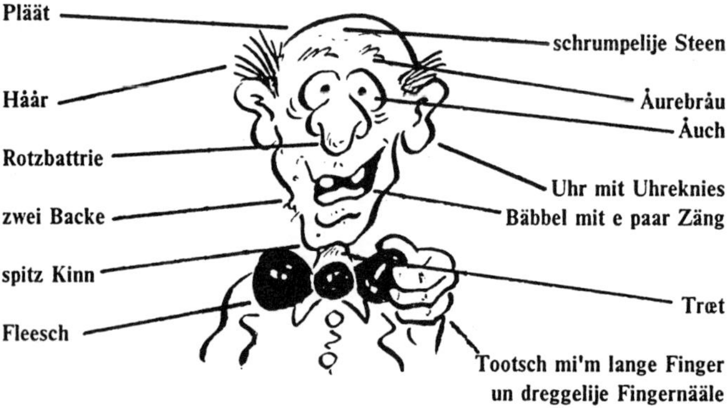

Kränk

Ping	Schmerz, Schmerzen, Pein
Kopping	Kopfschmerzen
Buchping	Bauchschmerzen
Liefping	Leibschmerzen
Rüggeping	Rückenschmerzen
Krüxping	Kreuzschmerzen
Zantping	Zahnschmerzen
e Klätschåuch	ein blaues Auge
fuul Zäng	faule Zähne

Ausdrücke, die alle eine Krankheit beschreiben können, aber auch in anderen mißlichen Lagen passend sind:

Isch krisch et ärme Dier
Ich kriege das arme Tier.

Isch krijen et üvver misch.
Ich kriege es über mich.

Isch bin janz af.
Ich bin ganz ab.

Isch hann nix wie Krüx un Älend.
Ich habe nichts als Kreuz und Elend.

Konkreter ist:

Mer deit der Maare wieh.
Mir tut der Magen weh.

Isch hann de Kränk im Lief.
Ich habe die Krankheit im Leibe.

Isch hann et Älend mit demm Schnuppe.
Ich habe das Elend mit dem Schnupfen.

Isch hann Kopping, Buchping un kann nimmie futze.
Ich habe Kopfschmerzen, Bauchschmerzen und kann nicht-mehr furzen.

Isch hann mer der Eckel aan dä Woosch jejesse.
Ich habe mir den Ekel an der Wurst gegessen. (verdorbener Magen)

Isch hann et an de Nirve
Ich habe es an den Nerven.

Isch hann ene Nacke wie en Pozijon stieve Ries.
Ich habe einen Nacken wie eine Portion steifer Reis. (=Verspannungen)

Kommentare von anderen kommen natürlich immer vor:

Bah, wat hät dä för e fies Klätschåuch.
Pfui, was hat der für ein ekliges blaues Auge.

Och, isch fingen, dat steit em jot.
Ach, ich finde, das steht ihm gut.

Schälen Höppelepöppel

Auch bei diesem Thema kann man nur auf die vielen möglichen Kommentare verweisen, die man von Kölschen hören kann.

Dä hät zweimål "hee" jerofe, wie se de Nase verdeilt hann.
Der hat zweimal "hier" gerufen, als sie die Nasen verteilt haben.

Ding Nas kritt Junge.
Deine Nase kriegt Junge.

Dä iss esu schäl, dä kann et Mittwochs zwei Sunndääsch sinn.
Der ist so schielend, der kann des Mittwochs zwei Sonntage sehen.

Dä hät e paar Bein wie ene Türkezabel.
Der hat ein paar Beine wie ein Türkensäbel.

Dä hät sing krumm Butz widder aan.
Der hat seine krumme Hose wieder an.

Dä jeit wie enen Aap.
Der geht wie ein Affe.

Dä hät e Jeseesch wie en Aapefutt.
Der hat ein Gesicht wie ein Affengesäß. (=rot)

Dat hät enen Aasch wie ene Boorebahnef.
Die hat einen Arsch wie ein Bauernbahnhof.

Dä kann sisch sellevs jet in et Ührsche sare.
Der kann sich selbst was ins Öhrchen sagen. (=Breitmaulfrosch)

Dä kann der Sparjel quer fresse.
Der kann den Spargel quer fressen.

Dat Mariesche iss esu rischtisch Füttsche-aan-der-Ääd.
Das Mariechen ist so (ein) richtiges Gesäßchen-an-der-Erde. (winzig)

Dä kann sisch hinger nem Latäänepåhl verstesche.
Der kann sich hinter einem Laternenpfahl verstecken.

Dä kann tireck us der Kall suffe.
Der kann direkt aus der Dachrinne saufen.

Dä hät de Uhre su jroß wie enen Aftrittsdeckel.
Der hat die Ohren so groß wie ein Klodeckel.

Besser en œndlisch Pläät wie jar kein Håår.
Besser eine ordentliche Glatze als gar keine Haare.

Dat iss op beidse Sigge su platt wie e Strischbrett.
Die ist auf beiden Seiten so flach wie ein Streichbrett (=Bügelbrett).

Dä hät e Muul wie e Drießhuus.
Der hat ein Maul wie ein Scheißhaus.

Arbeide un Jeld verdeene

afpiddele	Klebendes mit den Nägeln entfernen
arbeide	arbeiten
de Klauen in de Ääd setze	reinhauen, loslegen
bracke / wullache	schuften / schwer schuften
wirke / werkele	schaffen, erarbeiten / werkeln
frœßele	hastig und unüberlegt arbeiten
piddele	ziellos an Kleinigkeiten herummachen
brasele (kurzes a)	mühevoll (umständlich) arbeiten
knüsele (kurzes ü)	unordentlich, unsauber arbeiten
zerfrœßele	ohne Unterlaß arbeiten
frimmele	unnütz an Kleinigkeiten arbeiten
kråse	eifrig, rastlos arbeiten
Brass	stressige Arbeit

Natürlich kann man nicht nur mit den Händen, sondern auch **mi'm Kopp** arbeiten:

Saach, wat arbeits/määs do eintlisch? **'Sch bin noch am studeere.**
Sag, was arbeitest/machst du eigentlich? Ich studiere noch.

Un? Wie wigg biste alt? **'Sch bin minge Dokter am maache.**
Und? Wieweit bist-du schon? Ich promoviere gerade.

Da der Kölsche auch zum Thema Arbeit etliche Kommentare und Sprüche **parat** hat, hier eine Auswahl:

Dä iss ze fuul för drieße ze jonn.
Der ist zu faul um scheißen zu gehen.

Dä weed alt möd, wann'e ander Lück arbeide süht.
Der wird schon müde, wenn-er andere Leute arbeiten sieht.

Isch dunn dat noch flück op Sick arbeide.
Ich tu das noch schnell auf Seite arbeiten.
Ich erledige das noch eben.

Dä arbeit sisch drus un drin.
Der arbeitet sich raus und rein.
Er bringt mit seiner Arbeit nichts zustande.

Dä brack för nix un widder nix.
Der schuftet für nichts und wieder nichts.

Låß misch in Rauh! 'Sch bin im Brass.
Laß mich in Ruhe! Ich stecke gerade in einer stressigen Arbeit.

Morjestund hät Blei im Aasch. (versteht man so)

Ze Duud jearbeit iss och jesturve.
Zu Tode gearbeitet ist auch gestorben.

Vum Arbeide jonn de beste Pääd(er) kapott.
Vom Arbeiten gehen die besten Pferde kaputt.

Hä's nit bang för de Arbeit. Hä lät sisch deesch dånevve.
Er ist nicht ängstlich vor der Arbeit. Er legt sich dicht daneben.

Hür op, de Schnüß ze schwaade, setz de Klauen in de Ääd!
Hör auf zu, die Schnauze zu schwätzen, setz die Klauen in die Erde!
Hör auf zu quatschen, hau rein!

Dat jeit wie ze Kölle!
Das geht wie zu Köln.
Das geht wie geschmiert.

Et Wedder

Ja ja, das Wetter. **Wammer dat nit hädde, wüß mer jar nit, wo mer drüvver kalle sullt.** (Wenn-wir das nicht hätten, wüßte man gar nicht, wo man drüber reden sollte.) Das ist natürlich gelogen, denn einem Kölschen verschlägt es so schnell nicht die Sprache.

Köln liegt in der Kölner Bucht, d.h. es ist von allen Seiten von Bergen umgeben, nur von Norden her nicht. Man sieht oft, wie die Wolken über Köln hinwegfegen, ohne daß sich am Boden auch nur ein Lüftchen rührt. Diese Kessellage führt zu relativ milden Wintern, mit viel Regen und Schneematsch, aber auch zu heißen Sommern mit unbarmherzigen Luftfeuchtigkeitswerten (bis 95% - stöhn!), die mitten in der Großstadt wirklich keinen rechten Spaß mehr machen.

Rään	Regen
Schnie	Schnee
Sunn	Sonne
et Sünnsche schink	das Sönnchen scheint
et iss am blåse	es bläst
et blœß hatt	es bläst hart, es stürmt
jot kalt	sehr kalt
lecker wärm	angenehm warm
bannisch heiß	extrem heiß

Bah, wat e eckelisch / biestisch Wedder!
Pfui, welch ein ekliges Wetter.

Wat sin de Engelscher widder schön am backe!
Was sind die Engelchen wieder schon am backen!
(bei gerötetem Abendhimmel)

Et iss mutschisch, då fällste flau!
Es ist schwül, da fällst-du in Ohnmacht!

Bei su enem Wedder räänt et jään.
Bei so einem Wetter regnet es gern.

Et iss esu kalt, dat einem der Aasch zofriert.
Es ist so kalt, daß einem der Arsch zufriert.

Kalt iss et eesch, wann de Buure Iiszappe drieße.
Kalt ist es erst, wenn die Bauern Eiszapfen scheißen.

In Kölle räänt et winnisch ävver off un dann vill.
In Köln regnet es wenig aber oft und dann viel.

Besser Rään wie jar kei Wedder.
Besser Regen als gar kein Wetter.

Dä Ton määt de Musick

Daach un Tschö

Eins vorneweg zur kölschen Höflichkeit: Die im Hochdeutschen üblichen Grüße sind auf Kölsch oft verkürzt und wirken dadurch schnell schroff und kurz angebunden. Deshalb sollte man versuchen, jedem Gruß etwas folgen zu lassen. Beispiele:

Morje zesamme! Jot jeschlåfe?
Morgen zusammen! Gut geschlafen?

Daach, leev Lückscher! - Daach och!
Tag, liebe Leutchen! - Tag auch!

Nåvend, wie iss et dann esu?
'N Abend, wie ist es denn so?

Ah? Wie iss et?
Na, wie ist es?

Die häufigste Art, sich nach dem Befinden zu erkundigen, steht schon im letzten Absatz: **Wie iss et?** Dies ist keine bloße Floskel, sondern man erwartet tatsächlich eine Antwort. Die braucht aber nicht besonders ausführlich auszufallen. Üblich ist eine Antwort wie **Och jååå!**, wobei allein Tonfall und Gesichtsausdruck darüber entscheiden, ob es nun bedeutet "Danke, kann nicht klagen" oder "Naja, es geht so" oder "Hundsmiserabel". Noch kürzer geht es mit **"œœh!"**, das ebenfalls seine Bedeutung erst durch ausgefeilten Singsang und Mimik bekommt. Hören und sehen Sie bei Gelegenheit also gut hin! Eine etwas ausführlichere Alternative:

Ah, wie sidd Ehr zerääsch?	**Dank Üsch, dat Ehr fråcht. Jot!**
Na, wie seid Ihr zurecht?	Dank Euch, daß Ihr fragt. Gut!

Die häufigste Art, sich zu verabschieden, ist ein kurzes, zackiges **Tschö**, das man aber auch langziehen darf. Ebenfalls beliebt ist die längere Form **Adjüs** oder **Atschüs**, die aber wieder mit einer mehr oder weniger sinnvollen Ergänzung stehen sollte.

Atschüs dann och, ne.

Atschüs, bis morje / bis dann / bis dis Daach.
Tschüß, bis morgen / bis dann / bis diese Tage.

Atschüs, maat dat er fott kutt!
Tschüß, macht daß ihr fort kommt!

Atschüs, maach datste jekoch kriss!
Tschüß, mach daß-du gekocht kriegst!

Atschüs, bis op Widderkickes.	**Atschüs, fall nit op de Schnüß!**
Tschüß, bis auf Wiederkucken.	Tschüß, fall nicht auf die Schnauze!

Atschüs, un maach de Pååz zo, wann de 'rusjeis!
Tschüß, und mach die Tür zu, wenn du rausgehst!

Zur Nacht kann man sich natürlich mit einem lapidaren **Naach** verabschieden. Aber auch hier gilt: lieber etwas Phantasie walten lassen und den Gruß etwas länger machen. **Naach dann och** klingt doch gleich viel netter.

Man wünscht dem zu Bett gehenden
Schlåf jot un söß Dräum!
Schlaf gut und süße Träume!

oder auf "Könglisch":
Sleep well in your Bettjestell!

Will man sich selbst zu Bett begeben, sind Sprüche angesagt wie
Jitz dummer der Aasch in de Jaraasch.
Jetzt tun-wir den Arsch in die Garage.

Ähnlich wie die Franzosen, die jeder Äußerung ein "Madamm" oder "**Musjöh**" (so die kölsche Form) folgen lassen, bauen Kölsche in ihre Sätze oft eine Anrede ein, wie zum Beispiel:
Drei aachzisch, junge Fråu.

Eine Frau wird so lange mit "junge" Fråu angesprochen, wie es nicht lächerlich wird. Wenn sie dann das "junge" Fråu allmählich als ironisch empfinden würde, weicht man auf **leeve Fråu** aus. Die Anrede **Frolläin** ist eine Dienstbezeichnung. So nennt man Kellnerinnen und die Damen von der Taxizentrale.

Wann Ehr morje widder kutt, hann isch et fäädisch, Herr.
Wenn Ihr morgen wieder kommt, habe ich es fertig, Herr.

Künnt Ehr mer ens hellefe, junge Mann? Jung, jank us'em Wääsch.
Könnt Ihr mir mal helfen, junger Mann? Junge, geh aus-dem Weg.

Jeiste evvens in de Küsch, Weesch, un holls mer noch jet Blotwoosch.
Gehst-du eben in die Küche, Mädchen, und holst mir noch etwas Blutwurst.

Dod Ehr mer noch ene Schabåu, Frolläin?
Tut (=Gebt) Ihr mir noch einen Klaren, Fräulein?

Fründlischkeite

Bedanken mit sprachlicher Phantasie - auch hier sind Zusätze und Verlängerungen gefragt. "Danke" allein ist zu kurz angebunden.

'Sch dank der. (*Stankter*)
Ich danke dir.

Jå, dank Üsch, ne.
Ja, dank' Euch, ne.

Beste Dank dann och!
Besten Dank dann auch!

Dangschön!
Danke schön!
(etwas hochdeutsch, aber okay)

Dat hatt Ehr nit ömmesöns jedonn.
Das habt Ihr nicht umsonst getan! (Auch Drohung!)

Antwort: **Stimmp, zwei Maak fuffzisch.**
Stimmt, zwei Mark fünfzig.

E schön Wochenenk, ne. - Och esu!
Ein schönes Wochenende, ne. - Auch so!

Da's ävver nett!
Das-ist aber nett!

Schänge un biestije Wœder

Da man auch in Kölle seinem Ärger gern mal Luft macht, hier erstmal eine Auswahl wichtiger Wörter, die man beim Schimpfen gebrauchen kann. Manche sind geschlechtsgebunden. Ein (F) bedeutet, daß dieses Wort eher Frauen gegenüber gebraucht wird. Dreimal dürfen Sie raten, was wohl ein (M) bedeutet. Ein (†) bedeutet, daß dieses Wort mit Vorsicht zu gebrauchen ist. Bei (††) wird es schon ziemlich beleidigend, und bei (†††) hat man die härteste Kategorie erreicht, bei der man schnell mal eine Portion **Riss** (Prügel) riskiert. Alles, was kein Kreuzchen hat, kann man für **Brummes** (milde Schimpferei) gebrauchen. Viele der folgenden Wörter haben Doppelbedeutungen, je nach dem, ob man sie Menschen oder Gegenständen gegenüber anwendet. Wenn man von **der dreggelije Wäsch** (der dreckigen Wäsche) spricht, ist das natürlich okay. Aber mit **"Do dreggelijen Aap!"** (Du dreckiger Affe!) sollte man sehr vorsichtig sein, weil sich die Kreuzchen dann summieren. "**Dreggelisch**" hat zwei Kreuzchen, "**Aap**" hat eins - macht zusammen schon drei!

äckelisch	eklig, widerlich
batzisch (†)	überheblich, frech, unverschämt
bedrisse (††)	beschissen
bestuss	bescheuert, nicht ganz dicht
biestisch	gemein, unanständig
blitzisch	aufbrausend, heftig
dœsisch	schlafmützig, phlegmatisch
dreggelisch (††)	dreckig
duselisch (kurzes u)	dumm, blöde
fies	ekelhaft, abscheulich
fiese Möpp (M†)	fieser Typ
fimschisch (†)	empfindlich; auch: angefault, ekelhaft
fippisch	schnippisch; auch: aufreizend (Kleidung)

fuul	faul
huffädisch †	eingebildet, eitel
huffädijen Aap (M††)	eingebildeter Affe, Schönling
hunksoddenär (††)	hundsordinär
iggelisch	hektisch, hastig; auch: widerlich
jeck	verrückt, bekloppt, ausgeflippt, ausgelassen
knickerisch	geizig, knauserig
kniestisch (†)	schmierig, dreckig; auch: pfennigfuchserisch
knollisch	plump, klobig, grob (Figur & Charakter)
knöttere	nörgeln, ärgerlich in den Bart brummeln
knüselisch (kurzes ü)	beschmiert, schmutzig
knutterisch	nörgelig, mürrisch
kratzbööschtisch	kratzbürstig, unverträglich, abweisend
kribbelisch	nervös, ungeduldig, hektisch
luusisch	lausig
möbbelisch (F)	mollig, rundlich, vollschlank
muuzisch	schmollend, einsilbig, beleidigt
nüttelisch	nörgelig, quengelig
pingelisch	überempfindlich, leicht kränkbar
schäl	blind, schielend
schuselisch (kurzes u)	heruntergekommen; auch: unbeholfen
tüttelisch (F†)	kleinlich, zimperlich
uselisch (kurzes u; †)	ungepflegt aussehend

Eine kleine Auswahl beliebter Titulierungen:

Aap (†)	Affe
Drießkääl (M†††)	Scheißkerl
Fääkeskopp (†)	Ferkelskopf, Blödmann
Flaabes (†)	gutmütiger, etwas unterbelichteter Mensch
Flatschmuul	Schwätzer, Klatschtante
Freßklütsch (M)	Vielfraß, verfressener Mann
Fråu Jedööns (F†)	wichtigtuerische, sich zierende Frau
Hoppestang (F)	Bohnenstange; große, schlanke Frau
Hunksmadam (F†)	altmodisch gekleidete Frau; Hundeliebhaberin
Jööz (F)	Person, die sich gern bedauern läßt
Juffer (F†)	eingebildet. Mädchen; auch: alte Jungfer (††)
Knaatsch	Person mit weinerlicher Stimme
Knallkopp	Dummkopf
Kniesbüggel	Geizkragen
Kraat (F)	Kröte; ungezogenes Mädchen
Kraat (M†)	Penner, heruntergekommener Mann
Krabitz (F)	zänkische Frau
Krawallbutz (M)	Streithammel
Memmedrück (F†††)	"Busengertrud"; Frau mit großen Hängebrüsten
Päädskopp (M†)	Pferdekopf
Pimmock (†)	Auswärtiger aus dem Osten; allg. Schimpfwort
Pritsch (F†)	eingebildete, opportunistische junge Frau
Püngel (F††)	ungepflegte, dickliche Frau; auch: Bündel
Schruuv (F†)	unangenehme, unleidliche Frau (Schraube)
Schusel (M†)	unbeholfene, einfältige Person
Schwellballisch	Dickwanst, Fettsack
Stinkbüggel (M††)	Stinkstiefel, Stinker
Suffühl (M†)	Saufeule, Schluckspecht
Zang (F††)	Zange; bissige, sarkastische Person

Do iggelisch Stück Jedrisse! †††
Du widerliches Stück Scheiße!

Dat iss doch enen uselije Kraat! ††
Das ist doch ein abgewrackter Penner!

Leck misch an de Täsch!
Leck mich an der Tasche!

Dä luuren isch mi'm Aasch nit aan. †
Den sehe ich mit-dem Arsch nicht an.

Leck ens am Aasch.
Leck mal am Arsch.
auch: Ist doch scheißegal.

Maach nit der Aap mit mer.
Mach nicht den Affen mit mir.
Halt mich nicht zum Narren.

Häste alt ens ene Aap jesinn? Dann luur ens in der Speejel. †
Hast-du schon mal einen Affen gesehen? Dann sieh mal in den Spiegel.

Hätt isch disch am Aasch, isch däät disch midden in der Rhing drieße. †††
Hätte ich dich am Arsch, ich würde dich mitten in den Rhein scheißen.

Wä weiß, wo do vun afjeschnidde biss. ††
Wer weiß, wo du von abgeschnitten bist.
Wer weiß, von wem du abstammst.

Dä hät enen Håu mit der Kann. †
Der hat einen Hau mit der Kanne.

Do kanns der och e Abunnemang in Jalkhuuse nemme. †
Du kannst dir auch ein Abonnement in Galkhausen nehmen.

Zur Erklärung: Galkhausen ist ein Ortsteil von Langenfeld (Richtung Düsseldorf), in dem sich psychiatrische Anstalten befinden, die im Volksmund immer noch als **Jeckenhuus** (Irrenhaus) bezeichnet werden. In Kölns Nachbarstadt Leverkusen gibt es auch den Spruch: **Do biss doch Jalkes, Jung!** (Du bist doch Galkhausen, Junge!)

Dä hät der Kopp op halver ilf sitze.
Der hat den Kopf auf halb elf sitzen.
Der ist nicht ganz dicht.

Demm läuf e Rädsche im Kopp erömm.
Dem läuft ein Rädchen im Kopf herum.

Dä hät ene Futz im Kopp. †
Der hat einen Furz im Kopf.

Do häss ene Ratsch im Kappes. †
Du hast einen Riß im Kohlkopf.

Do häss se nimmie all op der Latz.
Du hast sie nicht-mehr alle auf der Latte.

Wat is dat dann för ene Quatschverzell?
Was ist das denn für ein Quatschgerede?

Demm kütt de Verstand wie dem Ås de Millisch.
Dem kommt der Verstand wie dem Ochsen die Milch.
Der ist schwer von Begriff.

Do biss esu inteljent wie e Toosbrut vum Aldi! †
Du bist so intelligent wie ein Toastbrot vom Aldi!

Jev doch jet aach, do schäle Kopp! †
Gib doch etwas acht, du blinder Kopf!

Do Kopp! †
Du Kopf!

Do Naas!
Du Nase!

Wenn man selbst mal unnötig hart angepackt wurde, kann man natürlich auch abwiegeln:

Iss jå alt jot! Bruchs doch nit treck schäle Kopp för misch ze sare!
Ist ja schon gut! Brauchst doch nicht direkt blinder Kopf zu mir zu sagen!

Biss ens jet minschlisch!
Bist (=Sei) mal was menschlich!

Dräue

Drohungen sind auf Kölsch teilweise ziemlich drastisch, besonders die vielen Möglichkeiten, Prügel anzudrohen:

Isch muß wahl ens œntlisch mit der kalle, wa?
Ich muß wohl mal ordentlich mit dir reden, was?

Äh wat is, Jung, willste Riss?
Äh, was ist, Junge, willste Haue?

Pass jot op, söns setz et Klöpp!
Paß gut auf, sonst setzt es Klöppe!

Do kriss Aska mit Schohnähl!
Du kriegst Aska (=Phantasiewort) mit Schuhnägeln!

Do häss wahl lang kei Bruchband mie jedrare.
Du hast wohl lange kein Bruchband mehr getragen.

Bah, Jung, dat jitt en Brusskamell!
Mann, Junge, das gibt eine Brustkaramelle (=Prügel)

Do kriss se mit der Riev. †
Du kriegst sie mit der Reibe.

Biss still, söns hät ding Futt Kirmes. ††
Sei still, sonst hat dein Hintern Kirmes.

Isch kumm der jlisch mi'm Stochiiser, dann sallste'ns jet sinn!
Ich komme dir gleich mit-dem Schüreisen, dann sollst-du-mal was sehen!

Wann isch disch kriejen, dann häste't letzte Mål wärm jedrisse! †††
Wenn ich dich kriege, dann hast-du-das letzte Mal warm geschissen!

Do kriß se, datste unger disch drieß! ††††
Du kriegst sie, daß-du unter dich scheißt!

Sollte man die letzten beiden Sprüche mal hören, nimmt man am besten die Beine in die Hand.

Dat häste nit ömmesöns jedonn!
Das hast-du nicht umsonst getan!

Do häss mer et letzte Mål jedraut!
Du hast mir das letzte Mal gedroht!

Leev un Sex

Da es jahrhundertelang nicht schicklich war, das Thema Liebe und Sex anzusprechen, schon gar nicht in einer so katholischen Stadt wie Köln, gibt es auch nicht besonders viel echt kölschen Wortschatz zu diesem Thema. Vieles hat man in letzter Zeit aus dem Hochdeutschen übernommen und eingekölscht z.T. recht erfolgreich. Das Wort „Sex" selbst spricht man natürlich nicht englisch aus, sondern mit einem schönen weichen "s" am Anfang, so wie die Zahl sechs also. Das Wort „Liebe" wird nur selten benutzt. Trotzdem gibt es für die Liebe gleich zwei Formen: **Leev** und **Leefde**. Das zweite ist zwar traditionsreicher aber (noch) weniger gebräuchlich. Und obwohl die Kölschen ihr Herz gern auf der Zunge tragen, hält man sich mit „Ich liebe dich" ziemlich zurück. Man könnte zwar sagen **Isch hann disch leev**, aber normal ist **Nä, wat hann isch disch jään!** (Nein, was hab' ich dich gern!)

Wenn zwei Menschen zusammen **in de Heia jonn** (in die Poofe gehen), ohne an Schlaf zu denken, dann sind sie wahrscheinlich **ärsch heiß drop** (ziemlich heiß drauf). Eine Frau, die schon gar nichts anderes mehr denkt, ist **e räuzisch Fråuminsch** (ein aufgegeiltes Frauenmensch), was kein Kompliment ist. Warum es kein entsprechendes Eigenschaftswort für Männer gibt, ist wirklich fraglich. Aber keine Angst - auch die **Käälslück** (Kerlsleute) können bei Bedarf ganz schön ihr Fett wegkriegen.

Zurück zu unserem Pärchen **in der Heia**: Wenn die Frau **ene heiße Fäjer** (ein heißer Feger) ist, und der Mann **hätt alt eine stonn** (hat schon einen stehen), dann sagt letzterer frivol: **Weesch, jitz jitsch der Stoppen in de Fläsch!** (Mädchen, jetzt glitscht der Korken in die Flasche!) Und wenn **die Heia** dann schön rhythmisch quietscht, sagen die Nachbarn im unteren Stockwerk: **Nää, die rammele widder, dat et scheppert un dämp!** (Nein, die rammeln wieder, daß es scheppert und dampft.)

Ach übrigens - die Geschlechtsorgane wollen wir nicht vergessen:

Stetz	Schwanz
Pimmel	(na was wohl!?)
Stoppe	Stopfen, Korken
Prengel	großer Penis (=Knüppel)
Nåhl	Nagel, Nadel
Funz	Vagina
Tittelatur	Busen
Memm	Busen
Mimmsche	kleiner Busen
Memmespektakel	großer Busen (=Busenschauspiel)
Milschjeschäff	besonders großer Busen

Was braucht man, damit es kein **Malörsche** (ungewollte Schwangerschaft) gibt?

Mäntelsche	Mäntelchen
Lümmeltüüt	Lümmeltüte
Samebloesje (=Samenbläschen)	Samentütchen
Pill	Pille
Spiral för der Kanal	Spirale (für den Kanal: weil auch das Abflußreinigungsgerät "Spirale" heißt; außerdem reimen sich im Kölschen Spiral und Kanal)
Deckel för de Tupperdoos	Diaphragma (= Deckel für die Tupperdose - weil der angeblich besonders dicht hält)

Und was die Dichtigkeit der maskulinen Präservative betrifft:
Männ, paß jå op! Manschmål iss en Blås vum Suppermaat besser wie ene Lingesack vom Ökobuure!
Hermann, paß ja auf! Manchmal ist eine Tüte von Supermarkt besser als ein Leinensack vom Ökobauern!

Ohne Präservativ gibt es Konsequenzen:

Die iss in ander Ömständ.
Die ist in anderen Umständen.

Dat Drück kritt jett Kleins.
Die Gertrud kriegt was Kleines.

Dat hät e Kindsche ungerm Hätz.
Die hat ein Kindchen unterm Herzen.

Die Sachses hann sisch jett bestallt.
Die Sachses haben sich was bestellt.

Bei de Schmitzens då iss jett ungerwääschs.
Bei den Schmitz' da ist was unterwegs.

Dä dreggelijen Fääkeskopp hät mer e Blaach in der Lief jesatz!
Der dreckige Ferkelskopf hat mir eine Göre in den Leib gesetzt!

Gleichgeschlechtliche Liebe hat in Köln nicht sehr viel Vokabular erzeugen können. Vielleicht kommt in den folgenden Jahrzehnten noch was? Oder sieht der Kölsche Schwule und Lesben als so stinknormal an, daß eigene Wörter kaum nötig sind? Toleranz wird in Köln tatsächlich großgeschrieben, obwohl manche Leute... Naja, **jede Jeck iss anders!** (jeder Narr ist anders). Die Begriffe **schwul** und **lesbisch** benutzt man jedenfalls auch auf kölsch. Was man bestenfalls über Lesben sagt, ist: **Die dunn et mit ander Fråue**. Mehr fällt dem Kölschen da kaum ein. Schwule sind vielleicht **verkeht erömm** (verkehrtherum), **vun der andere Sigg** (von der anderen Seite), worunter man aber auch einen rechtsrheinischen Kölner verstehen kann, oder **en wärm Koosch** (eine warme Rinde). Damit hat sich's.

Wenden wir uns wieder den Heteros zu. Mitunter sagt die Frau dem allzu aufdringlichen Mann: **Nimm ding iggelije Knuppe fott, do dreggelijen Horebock!** (Nimm deine widerlichen Wurstfinger fort, du dreckiger Hurenbock!) Wer schon so bezeichnet wird, der geht wahrscheinlich bald wirklich in den Puff. Der Puff nennt sich entweder auch **Puff** oder aber **Knusperhüüsje** (Knusperhäuschen) oder **Hore(n)huus** (Hurenhaus). Verallgemeinernd benutzt man auch den Namen der Straße, an der außer dem größten kölschen Puff fast nichts steht. Es handelt sich um die **H...stråß.** (Wegen Schleichwerbung zensiert! Wollen Sie mehr wissen? Fragen Sie jeden beliebigen Kölschen, der weiß, was H...stråß im Zusammenhang mit Puff bedeutet. **Isch will nix jesaat hann!** (Ich will nichts gesagt haben!))

Die Angestellten der **Knusperhüüsjer** nennt man **Hore** (Huren), **Nutte** oder **Nüttscher** (Nüttchen), was von den dreien noch am nettesten klingt. Deren Chef heißt **Stenz** oder **Zohälder**. Soviel hierzu. Und es gilt auf jeden Fall:

Horemähl jitt Horepannekooche
Hurenmehl gibt Hurenpfannkuchen
Wie die Eltern, so die Kinder
bzw.: Wie der Hirr, so's Geschirr (oder wie hieß das doch gleich?)

Dat jiddet nur in Kölle

Sie haben ja jetzt schon eine Menge Methoden gelernt, alle möglichen und unmöglichen Situationen zu kommentieren. Ohne Kommentare geht es nicht in Kölle. Während man anderswo schnell unangenehm auffällt, wenn man ständig alles kommentiert, gilt unter echten Kölschen oft das genaue Gegenteil: Wenn man nicht wenigstens ab und zu mal kommentiert, denken die Leute, man nehme nicht genug Anteil. **Saach, dir iss dat wahl janz ijal, wa?** (Sag, dir ist das wohl ganz egal, was?), bekommt man womöglich zu hören. Fällt einem überhaupt nichts mehr ein, kann man immer noch sagen: **Åuweih! / Ohweia!**

Sehr empfehlenswert und vielseitig einsetzbar ist auch

Iss et dann müjjelisch?
Ist es denn möglich?

Jå jå, dat iss alt esu jet...
Ja ja, das ist schon sowas...

Ein noch nichtssagenderer, aber auf alles passender Kommentar ist **Jå, Jung!** Das kann man durchaus auch Frauen gegenüber sagen, denn dieses **Jå, Jung** ist keine Anrede, sondern einfach nur eine Floskel.

Jedenfalls haben Sie eben die üblichsten kölschen Kommentare kennengelernt. Wer die nicht ab und zu benutzt, wird nie ein echter Kölscher werden. Und jetzt noch mehr von der Sorte:

Mansche hät vill zo koote Bein för dat huh Pääd op demm'e sitz.
Mancher hat viel zu kurze Beine für das hohe Pferd auf dem-er sitzt.

Isch künnt Tråne futze
Ich könnte Tränen furzen.
Ich lach' mich kaputt.

Wenn jemand etwas nicht versteht, kann er sagen:

Då kumm isch nimmie mit.
Da komm' ich nicht-mehr mit.

Rechnen muß er allerdings mit der Antwort:

Dann blieste evven hee!
Dann bleibst-du halt hier!

Wenn man jemanden nach dem Wochentag fragt, wird einem sicherlich geholfen:

Wat hammer dann hück för ene Daach?
Was haben-wir denn heute für einen Tag?

Mer hann hück Dunneschdaach.
Wir haben heute Donnerstag.

Man muß sich aber nicht wundern, wenn ein Dritter dazwischenruft:
Mir och! (Wir auch!)

Wenn man etwas sucht, z.B. seine Brille, kann man fragen:

Saach, weiß do, wo ming Brill iss?
Sag, weißt du, wo meine Brille ist?

Ein lapidares **Nää** wäre recht phantasielos. Viel besser ist z.B.:

Ijå, die's mi'm Rad eruss!
Ja, die-ist mit-dem Rad raus.

(Op su en Antwååt muß mer eez ens kumme, wa?
Auf so eine Antwort muß man erst-mal kommen, was?)

Dåför maache se in Kölle kei Finster op.
Dafür machen sie in Köln kein Fenster auf.
Das reißt in Köln keinen vom Hocker.

Of dä blank iss, udder of in Schina ne Sack Ries ömkipp...
Ob der pleite ist, oder ob in China ein Sack Reis umkippt...

Letzteres sagt man, wenn einem eine Sache wirklich sch...egal ist - oft begleitet von einer schwungvollen Handbewegung rückwärts über die Schulter.

Mallisch meint, singe Kopp wœr schön.
Jeder meint, sein Kopf wäre schön.

Wä sisch sellevs kitzelt, kann laache wann'e will.
Wer sich selbst kitzelt, kann lachen wann-er will.

Dat iss wie wann en Mück in der Rhing piss.
Das ist, als ob eine Mücke in den Rhein pißt. (=Kleinigkeit)

Dat jiddet nur in Kölle.
Das gibt's nur in Köln.

Kölsch Orjinale fröhter un hück

Über kölsche Originale kann man ganze Bücher schreiben zusätzlich zu denen, die es eh schon gibt. Deshalb folgt hier nur eine ganz kurze Übersicht (die natürlich überhaupt keinen Anspruch auf Vollständigkeit erhebt) über ein paar der wichtigsten kölschen Originale.

Konrad Beikircher - Stadt- und Kulturkenner, obwohl gebürtiger Südtiroler; nimmt die Kölschen dergestalt auf den Arm, daß man sich vor Lachen auf dem Boden wälzt. (heute)

Rolli Brings - Lehrer und kölschsprachiger Musiker. (heute)

Dores mit demm naaße Plagge (Theodor mit dem nassen Lappen) - Gastwirt, bekannt durch seine besondere Kundenfreundlichkeit, aber auch seinen ausgeprägten Sinn für Ordnung und Sauberkeit, sowie für seinen Haß auf die damals **Zibibbscher** genannten Zigaretten. Wer versehentlich sein Bierglas umstieß, mußte sich von dem ansonsten so gemütlichen Menschen als **Firke** (Ferkel) beschimpfen lassen. (Jahrhundertwende)

Tommy Engel - Musiker und lange Jahre Sänger bei den Bläck Fööß. Besticht durch besonders gepflegtes Kölsch. (heute)

Freßklütsch - bürgerlicher Name: Johann Arnold Klütsch. Bekannt durch seinen ungeheuren Appetit und seine Bärenkräfte. Was er gewogen hat, weiß man nicht, aber seine Masse entstand vor allem durch die Muskelpakete. (letztes Jahrhundert)

Hännesje un Bärbelsche - Manch kölsches Original ist frei erfunden, so im Prinzip auch diese beiden Hauptfiguren des Hännesje-Theaters. In ihrer Puppengestalt sind sie zwar keine richtigen Menschen, aber doch alles andere als Hirngespinste.

Klaus der Geiger - bürgerlicher Name: Klaus von Wrochem. Läßt sich geigenderweise an den verschiedensten Plätzen der Kölner City sehen. Er ist bei den Menschen ähnlich beliebt wie dereinst Orjels Palm, aber die Toleranz muß damals noch größer gewesen sein - Palm hatte nämlich keinen Prozeß wegen Ruhestörung am Hals.

Willy Millowitsch - Angehöriger einer kölschen Schauspielerdynastie, weit mehr als nur stadtbekannt. (heute)

Willy Ostermann - Schöpfer von Unmengen kölschen Liedguts (Jahrhundertwende)

Orjels Palm - bürgerlich: Johann Joseph Palm. Stadtweit bekannter und beliebter Orgeldreher. Soll angeblich keine geistige Leuchte, dafür aber sehr musikalisch gewesen sein. Man legte ihm den Spruch **Wann isch dat bißje Musick nitt verstünd, dann wüß isch nitt, wat et jevve sall** (Wenn ich das bißchen Musik nicht verstände, dann wüßte ich nicht, was es geben sollte) in den Mund. (letztes Jahrhundert)

Jupp Schmitz - ebenfalls Schöpfer von Unmengen kölschen Liedguts. (ebenfalls Jahrhundertwende)

Tünnes und Schäl (Antonius und Blind) - Noch zwei erfundene Originale, die weit über Köln hinaus bekannt geworden sind. Zu Karneval schlüpfen oft Büttenrednerpaare in die Haut dieser zwei Witzfiguren, in Zeitungen sind schon jede Menge Cartoons über sie erschienen, und im Hännesje-Theater erwachen sie ebenfalls regelmäßig zum Leben.

Lehrer Welsch - bürgerlicher Name: Heinrich Welsch, Lehrer an einer Hilfsschule in Köln-Kalk. War eigentlich kein typisches Original. Er erlangte nur deshalb Berühmtheit, weil er in dem bekannten kölschen Lied **In der Kayjass Nummere Null** (In der Kaygasse Nummer Null) verewigt wurde. (Jahrhundertwende)

Jürgen Zeltinger - mitunter lautstarker, kölschsprachiger Musiker, aber auch stadtbekannter Schwuler. (heute)

Literaturempfehlungen

- Prof. Dr. Adam Wrede: **Neuer Kölnischer Sprachschatz**. Greven Verlag Köln.

- Peter Caspers & Willi Reisdorf: **Op Kölsch jesaat - Wörterbuch Hochdeutsch-Kölsch**. Greven Verlag Köln.

- **Kölsche Schängerei-Maschin**; J. P. Bachem Verlag, Köln, und Straelener Manuskripte Verlag, Straelen.

- Dr. Georg Wenker: **Das rheinische Platt**. (Faksimile) Internationales Mundartarchiv "Ludwig Soumagne", Neuss, und Deutscher Sprachatlas, Marburg (Hrsg.).

★ Tip für alle, die auf den Geschmack gekommen sind:

Wer Kölsch als "Fremdsprache" lernen will, hat dazu die Möglichkeit bei der **Akademie für uns Kölsche Sproch**, die regelmäßig Kölschkurse anbietet.

Wörterliste Kölsch-Deutsch

Die folgende Wörterliste kann aus verständlichen Gründen nur einige wichtige Vokabeln und Ausdrücke aufführen. Bei Hauptwörtern steht die Mehrzahlform in Klammern dahinter. Bei **Aap** steht z.B. (-e); die Mehrzahl heißt deshalb **Aape**. Bei Tätigkeitswörtern stehen manchmal drei Formen dahinter. Bei **blåse** steht z.B. (**blœs, blees, jeblåse**) in Klammern. Das erste ist die 3. Person Einzahl Gegenwart (also "er/sie/es bläst"), das zweite ist dasselbe in der Vergangenheit ("er/sie/es blies"), das dritte braucht man für die zusammengesetzte Vergangenheit ("er hat geblasen"). Wenn bei der zweiten Form ein Strich steht, dann ist diese Form weniger gebräuchlich und deshalb erstmal unwichtig. Die Formen sind nur angegeben, wenn sie sich stark vom Hochdeutschen unterscheiden. Ein (-t) besagt, daß ein "t" am Wortende weggefallen ist und je nach Wortform wieder auftauchen kann.

A

Ääd - Erde
Äädappel (-äppel) - Kartoffel
Aap (-e) - Affe
Abtritt - Toilette
äckelisch - eklig, widerlich
afpiddele - Klebendes mit den Fingernägeln entfernen
ajeere (ajeet, -, ajeet) - agieren, handeln, herumfuchteln
Alaaf - Schlachtruf zu Karneval
alt - schon, bereits

B

baal - bald
Ballisch (Bällisch) - Balg, Wampe
bannisch - sehr, unheimlich
baschtisch - riesig, enorm, zum Platzen
batzisch - überheblich, frech, unverschämt
Båu (Bäu) - Gebäude, Gefängnis
bedrisse - beschissen
Berschem - Bergheim
bestuss (-t) - bescheuert, nicht ganz dicht
Bibbi (-s) - auffälliger, runder Hut
Biesterei (-e) - Gemeinheit
biestisch - gemein, unanständig
blitzisch - aufbrausend, heftig
Blås (-e) - Blase, Plastiktüte
blåse (blœs, blees, jeblåse) - blasen
Böösch (-te) - Bürste
bracke - schuften
brasele - mühevoll (oder umständlich) arbeiten
Brass - stressige Arbeit

Büggel (-e) - Beutel
Bützje (-r) - Kuß
Butz (-e) - Hose

D
Dääz (-e) - Kopf
dreggelisch - dreckig
drieße (drieß, driss, jedrisse) - scheißen
Drießhuus - Scheißhaus
Driss - Scheiße, Mist
drücke - drücken, entwerten
Dudelkiss (-te) - Radio
dunn (deit, däät, jedonn) - tun
duselisch (kurzes u) - dumm, blöde
dœsisch - schlafmützig, phlegmatisch

E & F
ens - mal
evve(n) - eben
Faasteleer, Fastelåvend - Karneval (speziell Karnevalsdienstag)
Fähnsinn - Fernsehen
Fastelåvendsjeck (-e) - Karnevalsjeck
Fastelåvendsmütz (-e) - Narrenkappe
Fiddijo (-s) - Videorecorder oder -film
fies - ekelhaft, abscheulich
firm - fest, standhaft
Flaabes (-se) - gutmütiger, etwas unterbelichteter Mensch
Fläut - Flöte
flück - schnell
Flücke - Durchfall
frimmele - unnütz an Kleinigkeiten arbeiten
frœßele - hastig/unüberlegt arbeiten
Fuss (Füss) - Fuchs, Kupfermünze, Rothaariger
Futt (Fütt) - Hintern, Gesäß
futze - furzen
fuul - faul

H
Häufje (-r) - Häufchen, Exkremente
hann (hät, hatt, jehatt) - haben
Höhnerfüttsche (-r) - Hühnergesäß, Haut am Ellbogen
Höppelepöppel - hinkender Mensch
Hoppeditzje (-r) - Stampfer auf Baustellen
hück - heute
hüppe - springen
huffädisch - eingebildet, eitel
Hunk (Hünk) - Hund

I & J
iggelisch - hektisch, hastig; widerlich
Iise - Eisen (als Material)
Iiser (-e) - Eisenstück, Eisenstange
Jeck (-e) - jecke Person (siehe "jeck")
jeck - verrückt, bekloppt, ausgeflippt, ausgelassen, irre, durchgedreht
Jedööns - Getue, Kram
jevve (jitt, jåv, jejovve/jejevve) - geben
jitz - jetzt
jlisch - gleich
jonn (jeit, jink, jejange) - gehen
Jück, op J. - unterwegs
jücke - (schnell) gehen oder fahren

K

Kääl (-s) - Kerl, Mann
Kajee (-s) - K.G. (=Karnevalsgesellschaft)
Kall (dä Kall) - Gerede, Erzählung
Kall (die Kall, -e) - Dachrinne
Kamell (-e) - Bonbon
Kappes (-se) - Kohlkopf, Kohl
Katömmelsche (-r) - Aprikose, Knollennase
Katsch (-e) - leichtere Beschädigung oder Verletzung
Kiss (Kiste) - Kiste, Auto, Fahrkartenautomat, Fernseher, Radio, Computer...
Klläävbutz (-e) - jemand, der nicht vom Stuhl hochkommt
Klingelpütz - Gefängnis in der Nordstadt
Klösche (-r) - Klo, Klöchen
Knallkopp (-köpp) - Dummkopf
knickerisch - geizig, knauserig
Kniesbüggel (-e) - Geizkragen
kniestisch - schmierig, dreckig; auch: pfennigfuchserisch
Knöllsche (-r) - Strafzettel
Knoll (-e) - teurer Strafzettel
knüsele - unordentlich oder unsauber arbeiten
knüselisch - beschmiert, schmutzig
Köbes (-se) - Jakob, Polizist, Kellner
kötte - betteln
Kraat (Kraade) - Penner
kribbelisch - nervös, ungeduldig
Krüx (-) - Kreuz
Kràs - Kram, Durcheinander, rastlose Arbeit
kràse - herumstöbern, rastlos arbeiten
Külles (-se) - dicker Kopf
kumme (kütt, kåm, jekumme) - kommen
Kundewitt - Benehmen
kåufe (käuf, kåuften, jekåuf) - kaufen

L

Lade (Läde) - Laden, Geschäft
Lamäng, us der L. - aus dem Effeff
Lamperie (-je) - Wandverkleidung
Lappe (-) - Lappen, Führerschein
laxeere (-eet, -, -eet) - abführen, laxieren
Ling (-e) - Leine, Kordel, Strick
Lingedänzer (-e) - Seiltänzer, Mensch mit tänzelndem Gang
Lück - Leute
Lückscher - Leutchen
luure (loot, looten, jeloot) - gucken
Luschewa (-s) - Liebhaber
låufe (läuf, leef, jelåufe) - laufen

M & N

maache (määt, maat, jemaat) - machen
malätzisch - abgeschlafft, übel
Mistepohl - Jauchegrube, Klo
mitnemme - mitnehmen, entführen, verhaften
muuzisch - schmollend, einsilbig, beleidigt
Månd (-) - Mond, Monat
nüttelisch - nörgelig, quengelig

O & P

Œtsche (-r) - Örtchen

Pääd (- oder -e oder -er) - Pferd

Panz (Pänz) - Kind

parat - bereit, fertig

Pief (-e) - Pfeife, Flöte; einfältiger Mensch

piefe (pief, -, jepief) - pfeifen

Pimmock - Auswärtiger, bes. Ossi

Ping - Schmerz, Schmerzen, Pein

Pissewaar (-s) - Pissoir

Piss - Pisse

Pläsier - Gefallen

plümerant - schwindelig

Plümmo (-s) - Federbett

Poosch (-te) - Jugendlicher (männl.)

Pott (Pött) - Topf

pover - arm, ärmlich

Prengel (-e) - Schlagstock, Knüppel

pretendeere (-eet, -, -eet) - beanspruchen, fordern

Püngel (-e) - Bündel; ungepflegte, dickliche Frau

Påhl (Pœhl) - Pfahl, Stange

Pååz (-e) - Pforte, Tor, Tür

Q & R

Qualster (-e) - Schleimbrocken, feiste Frau

Quetschebüggel (-e) - Akkordeon

quittwääde (weed, wood, -jewoode) - loswerden, verlieren

Rään - Regen

renne - rennen

reputeerlisch - mit gutem Ruf

Ries - Reis

rigge (rigg, -, jeridde) - reiten

Rotzbattrie (-je) - Rotzbatterie, Nase

S

Schabåusühl (-e) - Säufer, Schluckspecht

schäl - blind, schielend

Schaff (Schäfter) - Schrank

schaluu - eifersüchtig

scheeße - schießen, vehement furzen

Schineer - Befangenheit, Schüchternheit

schinge - scheinen

Schmier (-e) - Polizeikontrolle

Schnie - Schnee

schopping jonn - Shopping gehen

Schruuv (-e) - Schraube; unleidliche Frau

Schusel (-e) - unbeholfene, einfältige Person

schuselisch - heruntergekommen; auch: unbeholfen

Seisch - Pisse

Senk (-e) - Senke, Abfluß, Kanaldeckel, Säufer

Sessijon (-e) - Karnevalsperiode, Saison, Session

sin (iss, wår, jewäse) - sein

sinn (süht, såch, jesinn) - sehen

sisch zaue - sich beeilen

Sood (-e) - Gosse, Rinnstein

Spidål (Spidœler) - Krankenhaus

steije (steisch, steesch, jesteeje) - steigen
stiev - steif
stoche - (an)heizen, rasen, düsen
stonn (steit, stund, jestande) - stehen
Stoppe (-) - Korken, kleingewachsener Mensch
Striefekaat (-e) - Streifenfahrschein
suffe (süff, soff, jesoffe) - saufen
Sunn - Sonne

T & U

trecktemang - sofort, unverzüglich
treck (-t) - direkt, sofort
Troddewaar (-s) - Bürgersteig
Trumm (-e) - Trommel, Pauke
Trœt (-e) - Trompete, Rachen, Kehle
tschö - tschüß
Uhreknies - Ohrenschmalz
uselisch - ungepflegt aussehend
Üvverjang (-jäng) - Übergang, Zebrastreifen

V, W & Z

verschängeleere (-eet, -, -eet) - verschandeln
verzelle (-verzellt, -, verzallt) - erzählen
vexeere (-eet, -, -eet) - quälen
Waggelent (-e) - Person mit watschelndem Gang
waggele - wackeln, watscheln
Wieverfastelåvend - Weiberfastnacht
wigger - weiter
wirke - wirken, schaffen, erarbeiten
wullache - schwer schuften
zackermenteere (-eet, -, -eet) - fortwährend fluchen
Zant (Zäng) - Zahn
Zick (Zigge) - Zeit

Register

K

Der Autor

Michael Thiergart, Baujahr 1963, made in Leverkusen, jobbt sich derzeit als wissenschaftlicher Tagelöhner so durch. Er hat in Köln Phonetik, Sprachwissenschaft und Skandinavistik studiert; deutsche Dialektologie ist eins der Themen, die ihn besonders interessieren. Er kommt zwar aus einer hochdeutschen Kinderstube, hat aber schon sehr früh Spaß an der eigentlichen Hochsprache seiner rheinischen Heimatregion bekommen. Bei seiner langjährigen Tätigkeit als Kölner Taxifahrer war er in täglichem, intensivem Kontakt mit der kölschen Stadtsprache, während seines Zivildienstes in Hellenthal/Eifel lernte er eine zweite Form des Rheinischen. Trotz seines rheinischen Lokalpatriotismus ist er unheilbar Skandinavien-süchtig. Eines Tages mal in Finnland oder Schweden zu leben und zu arbeiten, ist sein Traum - und sei es als Toilettenputzer in Liljendal (Dorf im schwedischsprachigen Teil Finnlands).

"Minge hätzlije Dank an alle, die dabei geholfen haben, daß dieses Büchelchen das geworden ist, was es jetzt ist. Allen voran an Georg Sachse (der Sachses Schorsch), meinen sehr geschätzten Kollegen, von dem die Idee zu diesem Sprachführer kommt - ich habe sie nur fortgeführt. Ihm habe ich auch für viel Material, Quellenangaben, gute Ratschläge und eine Menge Vorarbeit zu danken. Schönen Dank natürlich auch an meine Frau, die sich nicht nur als unermüdliche Korrekturleserin verdient gemacht hat, sondern auch immer wieder mit Sprüchen wie *Du könntest ja bis zum Essen auch noch was für'n Sprachführer tun* für das zügige Voranschreiten der Arbeit gesorgt hat. Daß sie bereit war, mich bei einem kölschen Projekt zu unterstützen, obwohl sie aus dem tiefsten Westfalen kommt, zeigt eindrucksvoll, wie gut doch die rheinisch-westfälische Ökumene funktioniert."